AF637118

LechErlebnisWeg

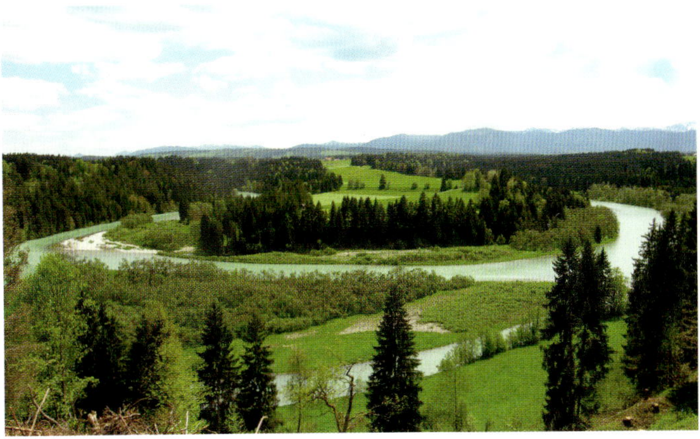

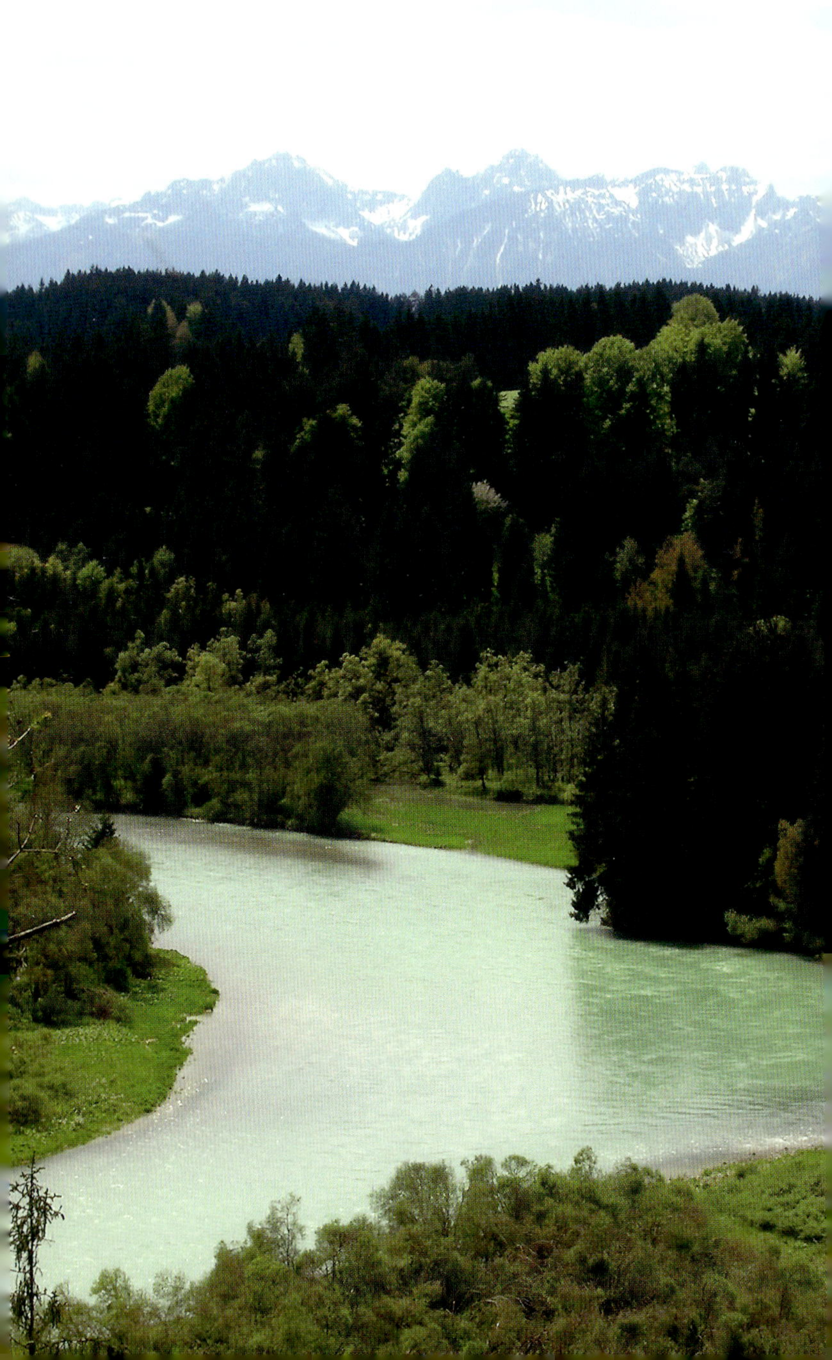

Christel Blankenstein

LechErlebnisWeg

Von Landsberg bis nach Füssen

In 5 Etappen durch die wunderschöne Panoramalandschaft des Lechtals

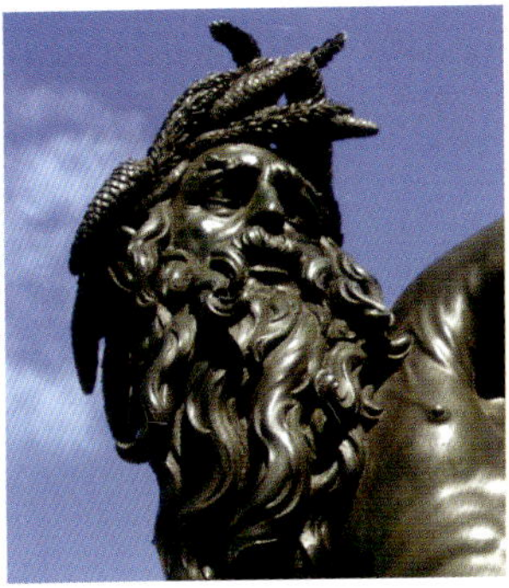

BERG & TAL

Inhaltsverzeichnis

Einführung

Die Etappen

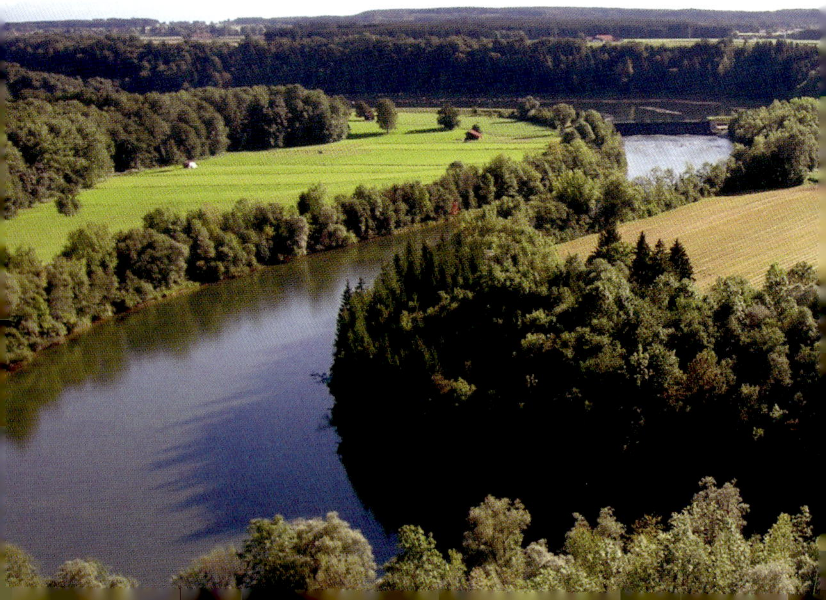

Die Lechschleife bei Epfach

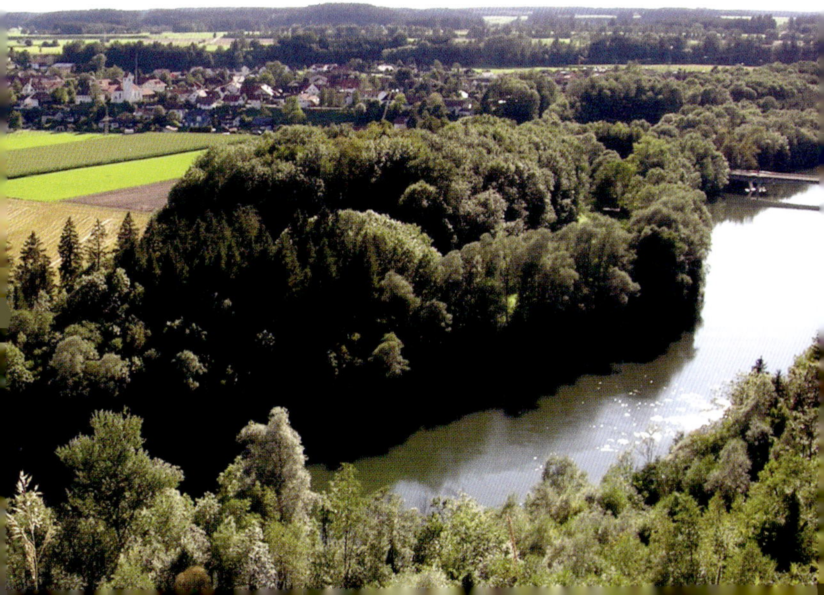

Der LechErlebnisWeg ...

... hat den 1979 ins Leben gerufenen Lech-Höhenweg im Sommer 2015 abgelöst. Im Grunde folgt er der bisherigen Route, beginnt aber jetzt in Landsberg und ist erst hinter Prem stark verändert. Ab hier führt er nunmehr durch die schöne Allgäulandschaft zur Westseite des Forggensees und an dessen Ufer nach Füssen zum Lechfall, bei dem die Möglichkeit besteht, auf dem im Juni 2012 eingeweihten »Lechweg« weiter zu wandern ins Tiroler Lechtal und bis zum Ursprung des Flusses nahe dem Formarinsee oberhalb von Lech am Arlberg.

Außerdem wurden im Rahmen der Neugestaltung die bisherigen Attraktionspunkte auf über 20 erhöht. Sie lenken die Aufmerksamkeit auf die Besonderheiten und Veränderungen der Landschaft sowie die Naturschätze des Lechgebiets. QR-Code-Abfragelabels oder iPhone-Applikationen enthalten zusätzliche Informationen. Vielfach laden neue Rastplätze, Bänke oder Liegen zum Verweilen ein.

Der nicht ganz 90 km lange LechErlebnisWeg durchzieht ein Gebiet, in dem sanfte Hügel überwiegen. Es wurde seit der letzten Kaltzeit hauptsächlich von dem früher bis weit ins Alpenvorland reichenden Lechgletscher geformt. Teils auf Steigen oder Pfaden, teils auf Asphalt- oder Feldwegen erschließt die Route eine überaus markante Flusslandschaft, die zu den naturnahesten in Deutschland zählt. Zudem bietet sie immer wieder herrliche Nah- und Fernsichten bis zum großen Alpenpanorama.

Schmucke Dörfer liegen am Wege sowie mit Landsberg, Schongau und Füssen drei interessante Städte, deren mittelalterlicher Kern zu Entdeckungen einlädt. Lediglich gute 200 Meter beträgt der Höhenunterschied zwischen Landsberg und Füssen, und auch im Fluss begleitenden Hügelland gibt es kaum längere, ausgeprägte Steigungen. Aus diesem Grund wurde im Buch auf Höhenprofile verzichtet.

Markierung/Richtung

Markiert ist der Weg mit einem der Flussfarbe nachempfundenen türkisfarbenen L mit einer kleinen Welle darüber (manchmal auf Schildern auch in Schwarz), und zwar in beide Richtungen. Wer also den »Lechweg« von der Quelle her durchs Tiroler Lechtal gegangen ist, kann vom Lechfall bei Füssen direkt weiter wandern bis nach Landsberg.

Es empfiehlt sich jedoch, als Startpunkt Landsberg zu wählen, da man mehr oder weniger ständig auf die immer näher rückenden Berge zuläuft und somit die Steigerung des Landschaftsbildes und die schöneren Ausblicke besser genießen kann. Deshalb ist der Weg hauptsächlich in dieser Richtung, die Gegenrichtung in Kurzform beschrieben. Mehr Informationen, auch zum Weg, finden sich im Text der Hauptrichtung. Trotz der guten Neumarkierung enthält das Buch eine genaue Wegbeschreibung, da durch Land- und Forstwirtschaft oder auch Vandalismus schon mal ein Schild abhanden kommen oder zerstört werden kann.

Schwierigkeit

Von den Anforderungen her ist der LechErlebnisWeg als leicht einzustufen, allerdings setzen die längeren Etappen etwas Ausdauer voraus. Anhand der Abschnittsangaben in Verbindung mit dem Übernachtungsverzeichnis sind kürzere Strecken machbar, jedoch sind zu Beginn des Weges die Nächtigungsmöglichkeiten nicht gerade üppig, so dass anzuraten ist, vorher die Quartierfrage zu klären oder über einen Veranstalter die Tour als »Wandern ohne Gepäck« zu buchen. Hier finden Einzelpersonen auch eher Anschluss an eine

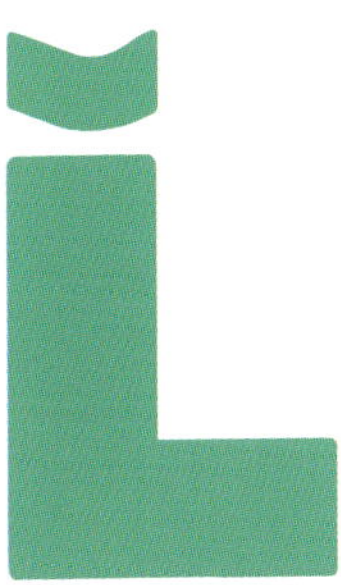

Türkisfarben oder auch schwarz ist die Wegmarkierung.

Gruppe, was sehr angenehm sein kann, da der Weg des Öfteren durch einsame Gegenden führt.

Jahreszeit / Wetter

Begehbar ist dieser Weitwanderweg vom frühen Frühling bis in den späten Herbst. Sobald die letzten Schneereste geschmolzen und die Böden etwas abgetrocknet sind, wärmt die Sonne bereits kräftig und lockt die ersten Frühlingsblüher hervor, wie zum Beispiel Mehlprimeln oder Leberblümchen. Besonders schön ist die Zeit der Löwenzahnblüte, die das Alpenvorland mit einem sattgelben Teppich überzieht. Je nach Abstand zum Hochgebirge und dem Einsetzen der Schneeschmelze ist das etwa Mitte/Ende April bis Anfang Mai der Fall, dann beginnt sukzessive die erste Mahd oder Beweidung, und die Pracht ist vorüber. Im Frühling oder Herbst ermöglichen die weitgehend laubfreien Bäume öfter den

Im Sommer ist ein Bad im frischen, glasklaren Wasser des Forggensees ein Hochgenuss.

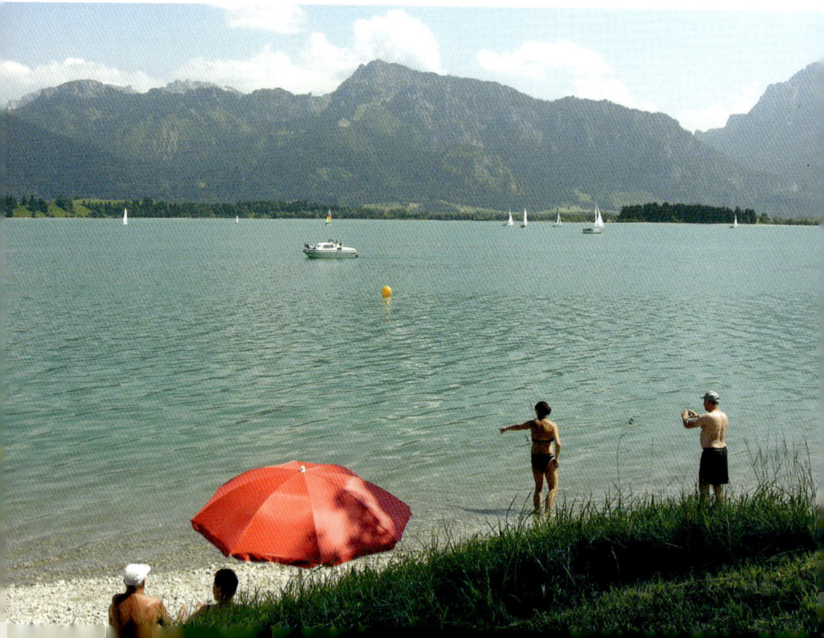

Blick auf den Fluss, im Sommer verbirgt er sich gern hinter undurchdringlichem Grün.

Das Alpenvorland und besonders der Füssener Raum werden vielfach von der Sonne verwöhnt, wobei es auch bei hochsommerlichen Temperaturen selten und dann eher vor Gewittern schwül ist. Eine besondere Rolle im Wettergeschehen spielt der Föhn, der das ganze Jahr über auftreten kann. Er bringt oft tagelang schönes sonniges Wetter mit viel Wärme und auch Wind sowie einer exzellenten Fernsicht, die die Berge in greifbare Nähe rückt. Doch wenn sich die Wolken verdichten, bricht der Föhn kurz darauf zusammen, und dann folgt meist nichts Gutes, das heißt es regnet kräftig. Allgemein ist die Luft im Frühling oder Herbst klarer, im Sommer kann die Alpenkette schon eher im Dunst versinken. Besonders gute Sicht, bei der die Berge nahezu plastisch hervortreten, gibt es auch ein oder zwei Tage vor einem heranziehenden Tief.

Wanderinfos

Richtungsänderungen in der Wegbeschreibung sind immer aus der ankommenden Richtung zu verstehen. Zeit- und Kilometerangaben sind gerundet, Grundlage ist eine durchschnittliche Gehzeit von 4 km pro Stunde ohne Pausen, mit entsprechender Zugabe bei einer erwähnenswerten Steigung. Je nach persönlicher Leistungsfähigkeit können die Zeiten länger oder kürzer ausfallen, die zusätzlichen Kilometerangaben helfen, Ihren eigenen Zeitbedarf zu ermitteln.

In der Vor- und Nachsaison ist damit zu rechnen, dass Übernachtungsbetriebe oder Gasthöfe Betriebsurlaub haben. Weitere wichtige Informationen zum Thema finden Sie in der Einführung des Kapitels »Übernachten«. Die im Infoblock bei den Einkehrmöglichkeiten genannten Ruhetage können in Abweichung zu den angegebenen je nach Jahreszeit unterschiedlich sein oder von Seiten der Wirte wechseln. Ist diesbezüglich nichts erwähnt, haben die Häuser täglich geöffnet. Zur Sicherheit sollten Sie jedoch stets Getränke und zumindest Notverpflegung im Rucksack haben, ebenso eine Plastiktüte für den Abfall.

Bei den meisten Museen und in den Städten werden Führungen für Gruppen auch außerhalb der Öffnungs- oder festen Führungszeiten angeboten, Anmeldungen nehmen die Tourismusbüros entgegen.

Zum Baden ist der Lech nur bedingt geeignet. Zum einen erwärmt sich sein Gebirgswasser erst im Hochsommer auf angenehmere Temperaturen, zum anderen darf man die träge in der Landschaft liegenden Stauseen und Flussschleifen nicht unterschätzen, die trotz der Wehre einen starken Durchfluss und somit immer noch eine kräftige Strömung aufweisen. In ruhigen Buchten kann man sich schon mal erfrischen, aber man sollte nicht zu weit hinaus schwimmen, um nicht in die Strömung zu geraten. Vor allem in Nähe der Stauwehre ist durch den Sog der Turbinenzu- und -abflüsse das Baden lebensgefährlich und auch verboten. Sichere Bademöglichkeiten finden Sie im Infoblock der jeweiligen Etappen.

Klebriger Lein

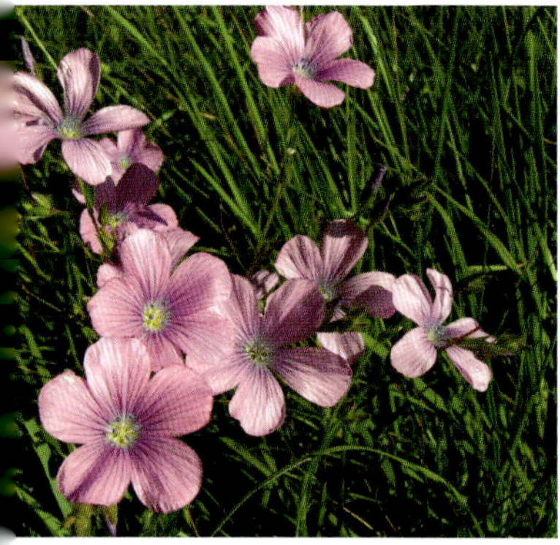

Für Ihre Wandertage wünsche ich Ihnen neben interessanten Entdeckungen viel Freude und Erholung auf den naturnahen Wegen des Lechtals, die sehr gut geeignet sind, die Seele baumeln zu lassen und wenigstens für kurze Zeit der Hektik des Alltags zu entfliehen.

Christel Blankenstein

Das Lechtal

Nach Angaben des Bayerischen Wasserwirtschaftsamtes beträgt die Gesamtlänge des Lechs 256 km. Ab Füssen nimmt er nur noch zwei größere Zuflüsse auf: bei Halblech den Halblech und in Augsburg die Wertach, bevor er bei Marxheim (östlich von Donauwörth) in die Donau mündet. Die Türkis- bis Smaragdfarbe des Lechwassers rührt von dem hohen Kalkanteil (hauptsächlich Magnesiumcarbonat) her, seine Klarheit bleibt bis weit ins Flachland hinaus erhalten.

Das Lechtal gliedert sich in zwei völlig unterschiedliche Bereiche. Im Oberlauf von der Quelle bei Lech am Arlberg bis nach Füssen darf sich der Gebirgsfluss noch weitgehend ungehindert seinen Weg suchen und gestaltet in Tirol eine der letzten Wildflusslandschaften Europas, während er im Alpenvorland in ein Korsett von Staustufen gezwängt wurde, welche der Energiegewinnung und dem Hochwasserschutz dienen.

Für immer verloren ging dabei ein Wildfluss, der von Füssen bis zur Mündung durch seine weiten Kiesbänke ein unvergleichliches und großartiges Landschaftsbild prägte und zusammen mit den Auen, Heiden und den lichten Kiefernwäldern eine grandiose Tier- und Pflanzenwelt beherbergte, von denen nur noch wenige Arten in Nischen und unter dem spät einsetzenden Schutz verantwortungsbewusster Menschen überleben konnten.

Trotz alledem ist auch heute noch das gesamte Gebiet, das der »gezähmte« Fluss durchströmt, von eindrucksvoller Schönheit. Die bewaldeten Hänge am Wasser, die lieblichen Moränenhügel vor den hohen Bergen, der Wechsel von Wald und Wiesen sowie die Natur- und Landschaftsschutzgebiete sind äußerst reizvoll und bringen immer wieder Abwechslung in die Wanderstrecke.

Frühe Bedeutung

Bereits in der Zeit, als der Lech – nachdem er bei Füssen das Hochgebirge verlassen hatte – sich stark mäandernd und Geröll führend seinen Weg durch den Moränenschutt des Alpenvorlands bahnte, ist die Anwesenheit von Menschen in seinem Gebiet belegt. Die Kelten nannten ihn »Licca« (den schnell fließenden), auch die Römer wichen mit ihrem »Licus« nicht davon ab. Eine Verbindung lässt sich auch zu dem kymrischen Wort »llech« für Steinplatte und zur bretonischen Bezeichnung »lec'h« für Grabstein herstellen, woraus sich die nahe liegende Bedeutung »der Steinige« ableiten lässt, was ebenso zutreffend ist wie »der Schnelle«.

Zahlreiche Funde von Werkzeugen aus dem Mesolithikum, also der Mittleren Steinzeit (etwa 9600–5500 vor Christi), vor allem im Bereich des heutigen Forggensees bei Füssen weisen jedoch die wesentlich frühere Anwesenheit von Menschen in dieser Region nach, in der auch schon Sammler und Jäger der Altsteinzeit unterwegs waren. So bot das Lechtal schon über lange Zeit einen Lebensraum, der zunächst sehr karg war, aber die Bewohner trotzten dem Fluss nach und nach immer mehr Acker-, Weide- und Siedlungsland ab und erhöhten dadurch wie auch durch die Nutzung seiner Wasserkraft ihre Lebensqualität.

Entscheidend für die Siedlungsgeschichte im Lechtal waren die Römer, die ab dem Jahr 15 vor Christi das Alpenvorland bis zur Donau eroberten und die mediterrane Kultur mitbrachten. Entlang ihrer Verbindungsstraße von und nach Italien, der Via Claudia Augusta, von der heute noch Reste als Geländedenkmäler vorhanden sind, entwickelten sich am Lech größere Orte wie Landsberg und Füssen. Augsburg, das frühere »Augusta

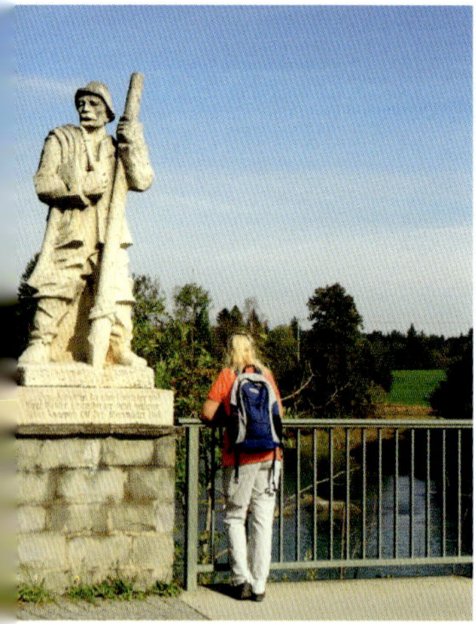

Den Flößern hat man in Lechbruck ein Denkmal gesetzt.

Vindelicum«, war im Zusammenfluss von Lech und Wertach zunächst als Legionärslager angelegt worden und wuchs mit den schon bestehenden Siedlungen der Umgebung zur Hauptstadt der römischen Provinz Raetien heran.

Die Flößerei

Mit Sicherheit nutzten bereits die Römer den Lech als Transportweg, denn anders wäre nicht erklärbar, wie sie das Baumaterial für ihre Provinzhauptstadt sowie die ungeheuren Mengen an Brennholz herbeischafften, die zudem die Thermen und die Fußboden- oder Wandheizungen der Privathäuser verschlangen. Auch zur Blütezeit der damaligen Freien Reichsstadt im 16. Jahrhundert wurden gewaltige Mengen an Holz von Tirol nach Augsburg getriftet, im Jahr 1568 allein 350 000 Stämme. Später entwickelte sich die Flößerei als angesehenes, wenn auch gefährliches Gewerbe, bedeutende Flößerorte waren Lechbruck und Prem, in Füssen und Schongau gab es eigene Flößerzünfte (siehe Info Lechbruck).

Als es in früher Zeit kaum Wege geschweige denn Straßen gab, wurde bereits vor den Römern die Kraft der Gebirgsbäche und Flüsse als Transportmittel für Holz genutzt, wahrscheinlich schon viel länger, als historisch belegbar ist. Die Bäume hat man im Winter gefällt, in den Bach oder Fluss geworfen, und mit den Wassermassen der Schneeschmelze gingen die losen Stämme auf ihre Reise. Der Lech führte so viel Wasser, dass die Trift fast das ganze Jahr über möglich war.

Da neben dem Holzverlust das nahezu unkontrollierte Triften auch große Schäden in den Uferbereichen, an Brücken und Fischbruten anrichtete und Holzansammlungen immer wieder zu Überschwemmungen führten, ging man dazu über, die Stämme zu Flößen zu verbinden, die mutige Männer steuerten und deren Holz am Zielort verkauft wurde. Bald schon nahmen die Flößer auch Waren, Passagiere und lebende Tiere mit, vor allem Transitgüter aus Venedig, Weine aus Südtirol und Rohstoffe aus dem Tiroler Außerfern, die über die Fernhandelswege nach Füssen kamen. Es war eine abenteuerliche Reise, und oft gingen Ladung samt Floß verloren.

In der Hochzeit vom Anfang des 17. bis ins 19. Jahrhundert schwammen alljährlich zwischen 3000 und 4000 Flöße von Füssen aus den Lech hinab nach Augsburg, oft auch weiter auf der Donau bis nach Regensburg, Wien und Budapest. Zurück gingen die Flößer meist zu Fuß, von Wien nach Lechbruck waren sie beispielsweise zwei bis drei Wochen unterwegs, wobei ihnen die Frauen oft das letzte Stück entgegenkamen, damit die Männer nicht noch den Rest des Lohnes ausgaben. Zum Ende des 19. Jahrhunderts begann der allgemeine Niedergang der Flößerei, als Eisenbahnen den schnelleren und leichteren Transport von Holz und Waren übernahmen. Speziell am Lech kam das Aus mit der Flussverbauung um die Wende vom 19. zum 20. Jahrhundert.

Die Stauseen

Nachdem dem Physiker Oskar von Miller 1882 die erste Stromübertragung gelang, rückte auch die Erzeugung von Elektrizität durch Wasserkraft stark ins wirtschaftliche Interesse. Es begann der Kraftwerksbau im Alpenvorraum, und besonders der schnelle, stark strömende Lech schien den Ingenieuren profitabel. Überdies waren viele Menschen, deren Ernährung bei den kargen Böden selten ausreichend war, seinerzeit froh über die Eindämmung des Flusses, die auch einen Hochwasserschutz und die Gewinnung von Weide- und Ackerland bewirkte.

So begann die sukzessive Verwandlung des Lechs in eine Kette von Stauseen, die vor allem die Kraftwerke speisen. Mit 20 Staustufen allein zwischen Füssen und Augsburg ist der Lech einer der am stärksten verbauten Gebirgsflüsse überhaupt. Fünf weitere sind noch geplant, dürften aber aus Umwelt- und Naturschutzgründen wohl nicht mehr realisiert werden.

Der größte Speichersee entstand in den Jahren 1950 – 54 durch die Staustufe 1 bei Roßhaupten, die den 12 km langen und bis zu 3 km breiten Forggensee hervorbrachte. Mit rund 16 qkm Fläche ist er der fünftgrößte See Bayerns sowie der größte Wasserspeicher im südbayerischen Raum. In ihm versanken die typische Lechlandschaft mit Auen und Kiesbänken, ferner das Naturjuwel Illasbergschlucht, da der Staudamm trotz eines gegenteiligen Beschlusses des bayerischen Ministerrates an das Ende der Schlucht verlegt wurde. Ebenso gingen Gehöfte und Weiler verloren, darunter Forggen, von dem der See seinen Namen erhielt.

Die Baukosten beliefen sich seinerzeit auf rund 84 Millionen DM, in Spitzenzeiten waren bis zu 1200 Arbeitskräfte eingesetzt, was zur damaligen Zeit einen beachtlichen Beitrag zur Bekämpfung der Arbeitslosigkeit bedeutete. Was hier jedoch an Landschaftsbild, Natur, Tier- und Pflanzenwelt verloren ging, lässt sich heute kaum noch ermessen. Interessant und empfehlenswert ist ein Besuch des Forggensee-Infozentrums (Etappe 4) beim Forggensee-Kraftwerk.

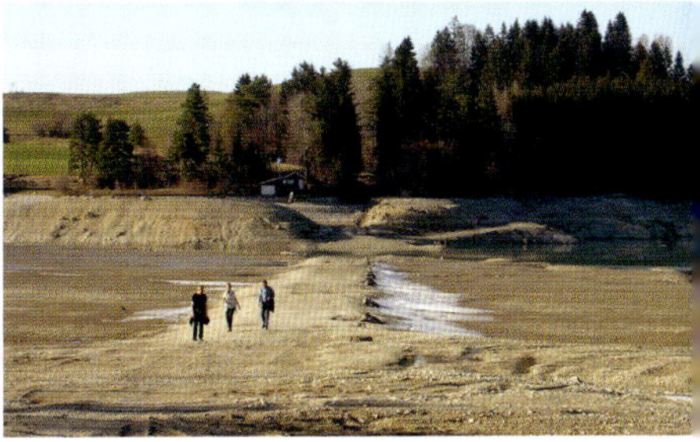

Bis ins späte Frühjahr kann man auf der alten Via Claudia im Forggensee spazieren gehen.

Heute erfüllt der Forggensee die wichtige Aufgabe eines Kopfspeichers für über zwanzig flussabwärts liegende Wasserkraftwerke. Zudem leistet er einen nahezu sicheren Hochwasserschutz, indem er die Schneeschmelze der Alpen und stärkere Regenfälle auffängt. Aus Regulierungsgründen kann er sich im Winter und noch für einige Zeit im Frühjahr als vom Lech durchflossene Stein- und Schlammwüste präsentieren, aus der die Trasse der alten Römerstraße, der »Via Claudia Augusta«, stellenweise deutlich wieder auftaucht. Bis Mitte Juni hat der Lech jedoch seine Arbeit getan und das gewaltige Becken erneut mit den Wassermassen aus dem Gebirge aufgefüllt. Dann verwandelt sich der See wie jeden Sommer in ein Freizeitparadies

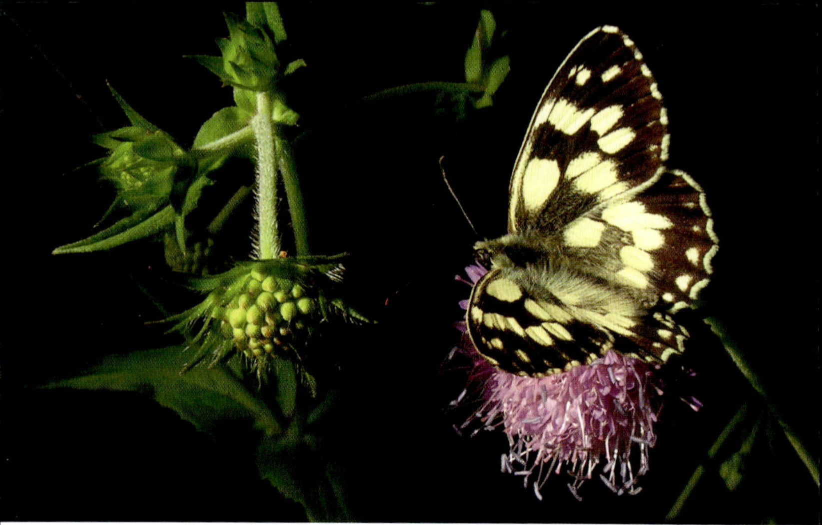

Viele seltene Tiere haben in den Lechauen noch einen Lebensraum. Hier wärmt sich ein Schachbrettfalter in der Morgensonne.

zwischen Wald und Wiesen, überragt von interessanten Berggipfeln und umkränzt von schmucken Ferienorten.

Flora und Fauna

Hat man die Staustufen bis 1975 in der Regel auf die Energiegewinnung ausgerichtet, begann sich beim Bau der Wehre 18 bis 23 zwischen Landsberg und Augsburg auch die ökologische Verantwortung durchzusetzen. Es entstanden zugleich neue Lebensräume für zahlreiche, oft sehr selten gewordene und gefährdete Tier- und Pflanzenarten. Insgesamt sind am Lech rund ein Drittel aller deutschen Vogelschutzreservate vorhanden.

Besonders stolz sind die Ornithologen auf die letzte große Uhu-Population in Bayern zwischen Landsberg und Schongau. Dreißig Brutpaare sind hier beheimatet, im Schnitt werden pro Paar 2,3 Junge flügge. Der nachtaktive Uhu mit den charakteristischen Federohren ist die größte Eulenart weltweit, er hat eine Flügelspannweite von 1,60 m und 2,5 kg Körpergewicht.

Weitere bedrohte Vogelarten sind der Flussuferläufer und der Flussregenpfeifer, die auf offene Kiesbänke im und am Fluss angewiesen sind, von denen es im Lechtal nördlich der Alpen leider nur noch wenige gibt. Selbst in der Litzauer Schleife werden die Vögel nicht mehr gesichtet, da die Kiesbänke mehr und mehr zuwachsen, dagegen sind sie in der Wildflusslandschaft des Tiroler Lechtals noch vorhanden. Des Öfteren sind Grau- und Silberreiher zu beobachten, die an den Ufern auf Fische lauern oder in den Wiesen auf Nahrungssuche gehen. Ein besonderes Juwel ist der selten gewordene, bunt schillernde Eisvogel, der sich von kleinen Fischen ernährt und lehmige Steilwände zum Bau seiner Nisthöhlen benötigt.

Groß ist die Palette der Wasservögel. So sind vor allem Schwäne, Grau- und Kanadagänse, Blässhühner, Haubentaucher, Gänsesäger, Stock- und Reiherenten und Kormorane zu sehen. Für einige nordische Arten ist der Lech ein wichtiges Durchzugs- und Ruhegebiet. Die Wasseramsel mit ihrem auffallend hellen Brustfleck kann man indes etwas öfter beobachten. Sie taucht ebenfalls ins Wasser, wobei sie teilweise auf dem Grund entlangläuft und sogar Steine umdreht, um Kleinlebewesen zu finden. Unübersehbar sind in den letzten Jahren auch die »Baumfällarbeiten« der Biber geworden, die in abgeschiedenen Winkeln ihre Burgen anlegen. Der »Wohnbereich« des Baus liegt über, der Zugang jedoch unter Wasser.

In den voralpinen Senken zwischen den Moränenhügeln beidseits des Lechs sind noch kleinere Seen verblieben, vereinzelt auch Reste von Mooren. Ebenso gibt es Streuwiesen und Überbleibsel der Lechheiden, in denen viele Insekten wie zum Beispiel der Idas- und Ameisenbläuling, das Widderchen oder der Schachbrettfalter ihr Refugium haben, außerdem Libellen, Kröten, Schlangen und Echsen.

Auf diesen naturbelassenen Flächen und Magerrasen finden sich auch viele seltene Pflanzen, die äußerst schützenswert sind, allen voran die Orchideen, von denen verschiedene Ragwurz- und viele Knabenkrautarten, ferner die Sumpfstendelwurz, der Frauenschuh, das Rote Waldvögelein, die Zweiblättrige Waldhyazinthe und die dunkelrote Pyramiden-Spitzorchis das Lechgebiet bereichern. In den Streuwiesen und Moorgebieten wachsen Trollblumen, die Sibirische Schwertlilie, Torfmoose und der fleischfressende Sonnentau.

Die Kiesbänke im Fluss sind Lebensraum der ebenfalls gefährdeten Deutschen Tamariske, doch da durch die Stauwehre kein Geröll mehr nachkommt und Hochwasser das Geschiebe nicht mehr umlagern kann, überwuchern hauptsächlich Weiden deren Lebensraum. Informationstafeln mit Fotos an der Litzauer Schleife zeigen deutlich den Verlust der Wildflussaue und damit auch der Tamarisken.

Eine Schönheit ist die Sumpfgladiole, die am gesamten Lech nur noch wenig vorhanden ist, jedoch auf der Königsbrunner Heide südlich von Augsburg ihr größtes zusammenhängendes Vorkommen in Mitteleuropa hat. Ebenso selten ist das Heideröslein geworden. Als Besonderheit gilt der Klebrige Lein, der nördlich der Alpen fast ausschließlich im Lechtal zu finden ist. Typische Hochgebirgspflanzen wie verschiedene Enzianarten, Zwergglockenblume oder Silberdistel transportierte der Lech als Schwemmsamen hinaus ins Flachland, in dem es heute nur noch wenige Standorte gibt, auf denen sie überleben können.

Nach wie vor fungiert der Lech immer noch als eine zentrale Wander- und Ausbreitungslinie für Pflanzen und Tiere zwischen dem Jura im Norden und den Alpen im Süden, wenn auch stark eingeschränkt, denn durch die Flussregulierung und die »Landnahme« durch Siedlungen, Land- und Forstwirtschaft gingen viele der Auen und Heiden verloren.

Eine bessere Vernetzung der verbliebenen Lebensräume hat sich der Deutsche Verband für Landschaftspflege mit dem Projekt »Lebensraum Lechtal«, das seit dem Jahr 2000 den gesamten Flusslauf von Füssen bis zur Mündung umfasst, zur Aufgabe gemacht. In einem Biotopverbundsystem soll so die Artenvielfalt erhalten und die ökologische Durchlässigkeit durchschnittener Gebiete verbessert werden.

Auch Wanderer können die Bemühungen unterstützen, die einmalige Flora und Fauna, welche hier nur annähernd umrissen werden konnte, zu erhalten und die schwierigen Lebensbedingungen der Pflanzen und Tiere zu erleichtern, indem sie Schutzgebiete respektieren und deren Bewohner nicht stören. Seltene Pflanzen auszugraben ist nicht nur strafbar sondern macht auch keinen Sinn. Sie haben spezielle Ansprüche an Boden, Klima und Umgebung und überleben im heimischen Garten sowieso nicht. Nehmen Sie stattdessen Fotoapparat und Fernglas mit und freuen Sie sich an allem, was Sie unterwegs entdecken.

Die Löwenzahnblüte Ende April / Anfang Mai überzieht die Wiesen im Alpenvorland mit einem satt-gelben Teppich, so auch bei Burggen.

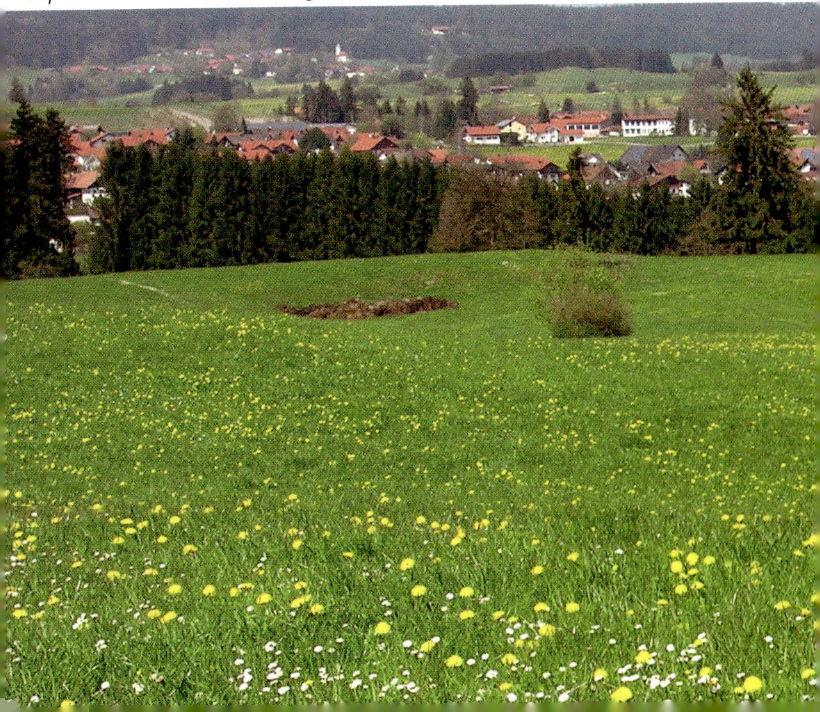

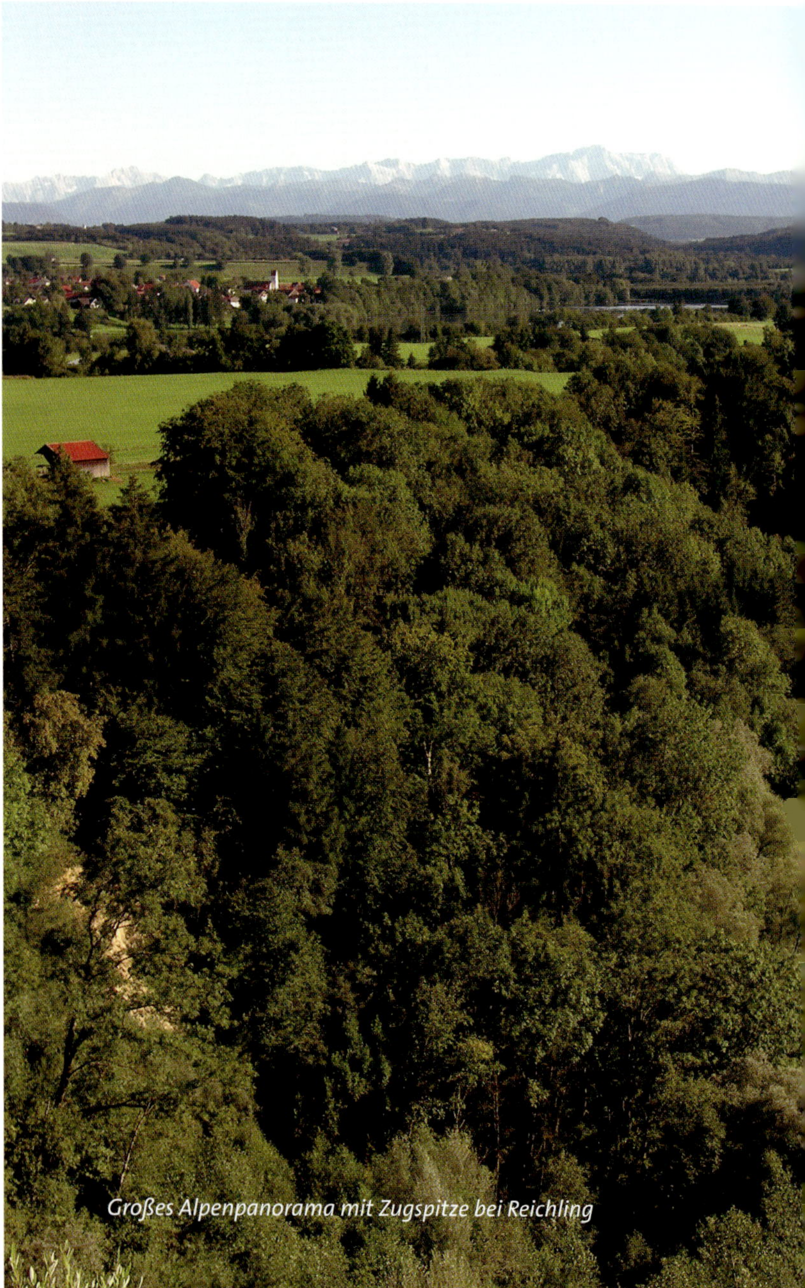

Großes Alpenpanorama mit Zugspitze bei Reichling

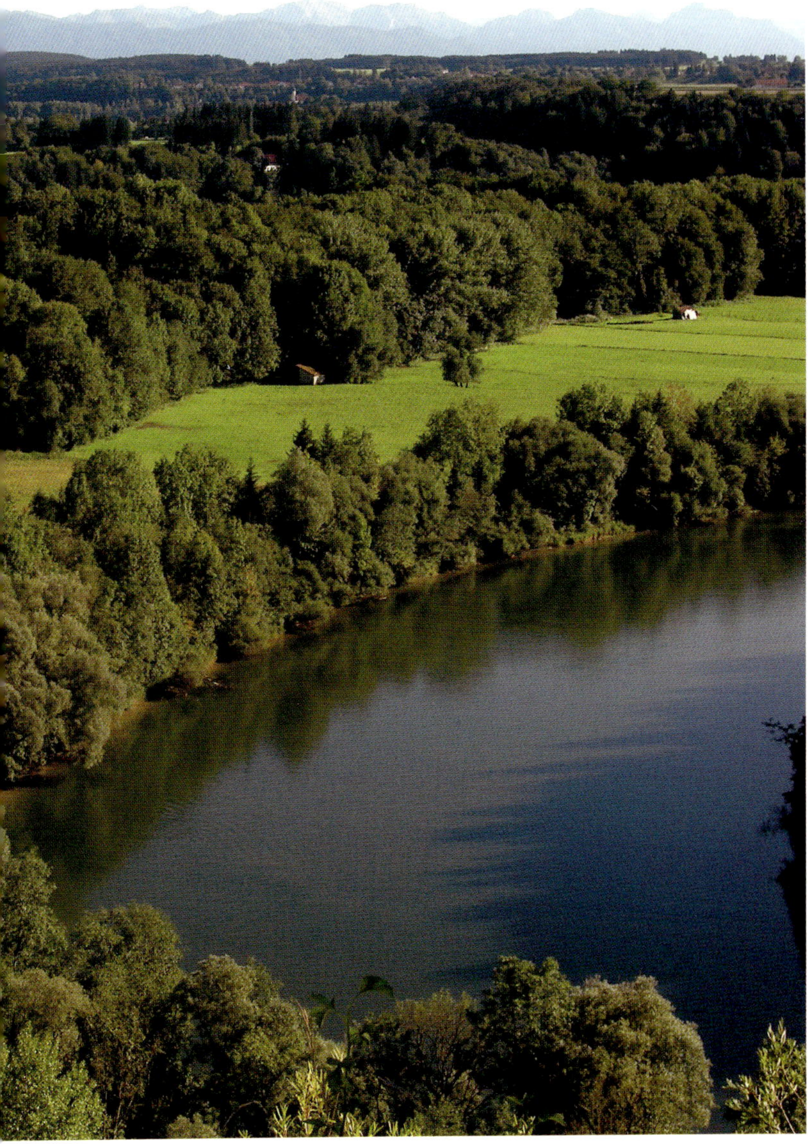

1. Etappe

Von Landsberg nach Epfach

Mittelalterliche Stadt und grandioses Alpenpanorama

Start Landsberg, Karolinenbrücke oder Hauptplatz.

Verkehrsanbindung Mit dem Zug nach Landsberg, aus dem Bahnhof kommend rechts zur Hauptstraße, links zur und über die Karolinenbrücke und rechts ins »Klösterl« (geradeaus zum Hauptplatz).

Bushaltestellen in Landsberg, Pitzling, beim Hotel »Hohenwart« an der B 17 und in Epfach nördlich des Museums.

Auto Parkhäuser in Landsberg (siehe Service-Teil).

Streckenlänge Landsberg (587 m) bis Epfach (651 m) etwa 5 ¼ bis 6 Std. (21 km).

Landsberg – Pitzling 1 ¼ Std. (5 km) – Mundraching 2 ¼ Std. (9 km) – Epfach 1 ¾ Std. (7 km). Abstecher zum Aussichtspunkt vor Epfach + ½ – ¾ Std. (2 km) hin und zurück.

Charakter Etwas längere, aber wenig anstrengende Strecke. Oft Schatten und wenig Asphalt. Vor Epfach ist der Abstecher nach Reichling zur Aussicht über die Lechschleifen und das Alpenpanorama besonders empfehlenswert.

Einkehr Vor Pitzling »Teufelsküche« (ab 10 Uhr, Mo. Ruhetag, April und Okt. Mo. und Di.), in Epfach »Zur Sonne« (Mo. Ruhetag).

Öffnungszeiten Landsberg, Historisches Rathaus: nur im Rahmen von Stadtführungen, Bayertor: Mai bis Oktober täglich 10 – 12 und 14 – 17 Uhr, Neues Stadtmuseum und Herkomer-Museum im Mutterturm: April bis Januar Di. – Fr. 14–17 Uhr, Sa., So./Feiertage (außer Mo.) 11 – 17 Uhr, Herkomer-Museum 2015 wg. Sanierung geschlossen. Schuhmuseum: Mo. – Sa. auf Anmeldung, Tel. 0 81 91/4 22 96. Epfach, Museum Abodiacum: tagsüber geöffnet.

Baden Inselbad in Landsberg am Lechbogen.

Information Tourist-Information, Hauptplatz 152, 86899 Landsberg, Tel. 0 81 91/12 82 46, www.landsberg.de

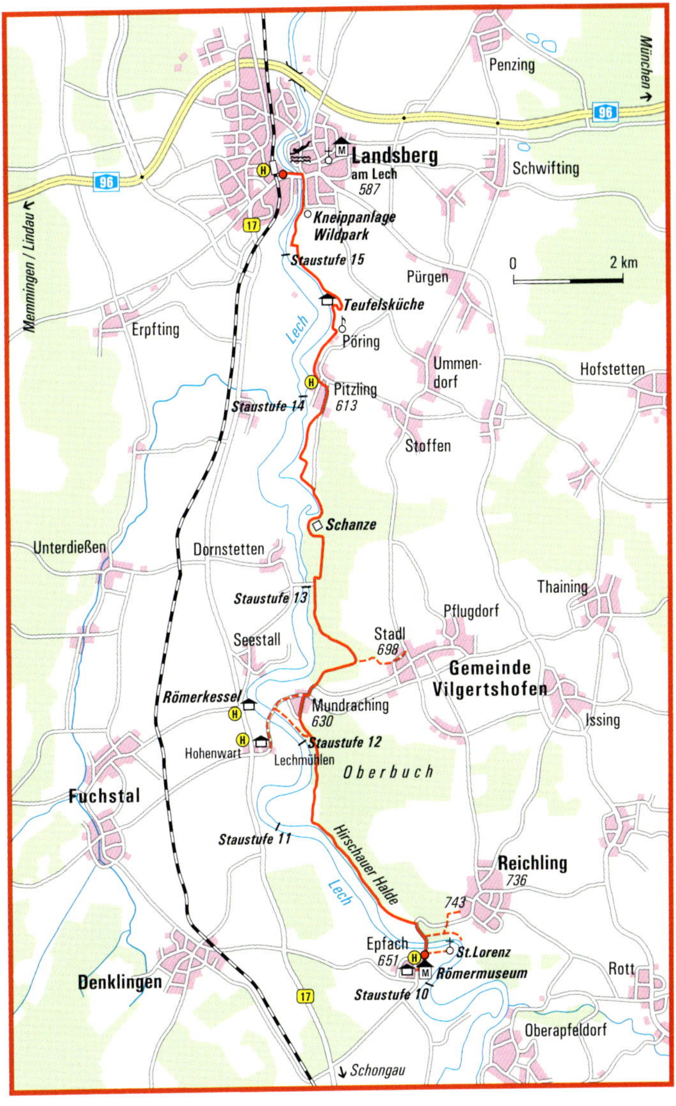

Penzing
München
96
Landsberg
am Lech
587
Schwifting
96
Memmingen / Lindau
17
Kneippanlage
Wildpark
Staustufe 15
0
2 km
Pürgen
Teufelsküche
Erpfting
Lech
Pöring
Ummen-
dorf
Hofstetten
Pitzling
613
Staustufe 14
Stoffen
Schanze
Unterdießen
Dornstetten
Thaining
Staustufe 13
Pflugdorf
Seestall
Stadl
698
Gemeinde
Vilgertshofen
Römerkessel
Mundraching
630
Issing
Hohenwart
Staustufe 12
Lechmühlen
Oberbuch
Fuchstal
Staustufe 11
Hirschauer Halde
Lech
Reichling
736
743
Epfach
651
St. Lorenz
Römermuseum
Rott
Denklingen
Staustufe 10
17
Oberapfeldorf
Schongau

Wegverlauf

Die Landsberger Altstadt ist ein Kleinod mittelalterlicher Stadtbaukunst, und bevor Sie zur Wanderung starten, sollten Sie das Städtchen und seine Sehenswürdigkeiten ausgiebig in Augenschein nehmen oder vielleicht sogar mittels einer Stadtführung kennen lernen. Zumindest lohnt es jedoch, den schönen Hauptplatz anzuschauen.

Info *Der alte Stadtkern von Landsberg ist zwischen Lechufer und Steilhang angesiedelt. Bei Grabungen auf dem Schlossberg hat man Überreste einer bronzezeitlichen Siedlung (ca. 1650 vor Christi) entdeckt, die einer Brandkatastrophe zum Opfer gefallen war. Weitere Funde stammen vor allem aus der Römerzeit.*

Sind die Quellen über die Gründung auch mangelhaft, gilt doch als sicher, dass um 1160 Heinrich der Löwe hier seine später »Landespurch« genannte Burg erbaute. Ihren Aufstieg im 14./15. Jh. verdankt die Stadt hauptsächlich

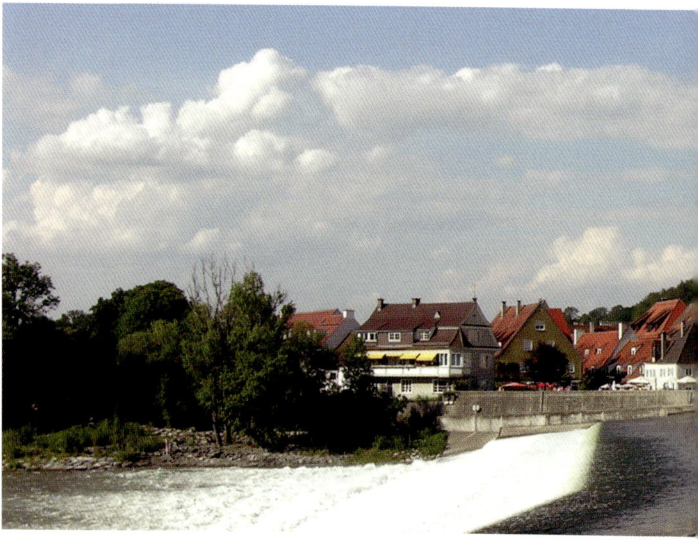

der Straßenkreuzung (Via Claudia Augusta, Salzstraße von Reichenhall), auf der sich sowohl der Italien-, wie auch der Salzhandel trafen. Nach dem Ende des Dreißigjährigen Krieges erlebte Landsberg einen neuerlichen Aufschwung, was die künstlerisch hochwertigen Bauten dokumentieren.

Sehenswert ist insbesondere der Hauptplatz, der als einer der schönsten kleinen Plätze in Süddeutschland bezeichnet wird. Hier ist der Schmalzturm (im Kern 14. Jh., auch Schöner Turm genannt) der Blickfang. Über dem Durchgang steckt noch eine Kanonenkugel der napoleonischen Truppen in der Mauer. Ferner sind hier der Marienbrunnen mit einer Skulptur des Tirolers Joseph Streiter (1783) und das Alte Rathaus angesiedelt, dessen mit reichem Bandelwerkstuck versehene Fassade als kunstgeschichtliche Berühmtheit gilt. Sie und die Decken im Vorplatz des Hauses sowie im Saal des 2. Stockwerkes verzierte 1719–21 kein Geringerer als Dominikus Zimmermann, der Erbauer der Wieskirche. Er wirkte als Künstler, Ratsherr und Bürgermeister von 1716–57 in der Stadt.

In Landsberg fließt der Lech über ein breites Wehr.

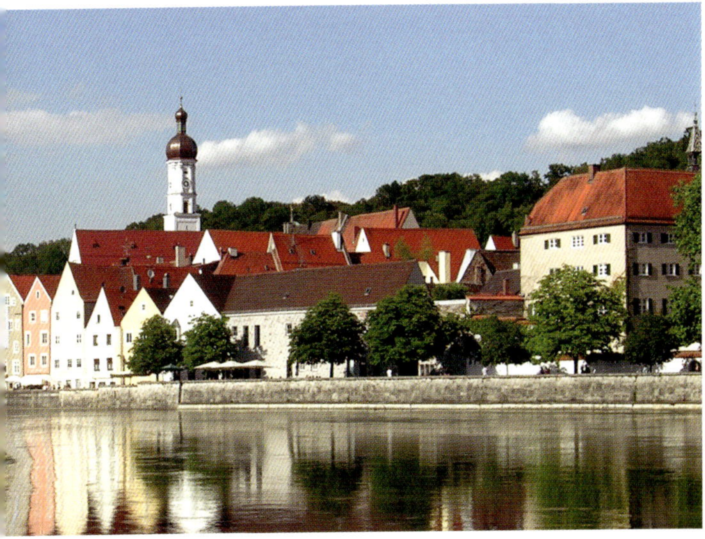

Besondere Schmuckstücke sind die Kirchen. Am Marktplatz steht die dreischiffige Stadtpfarrkirche Mariä Himmelfahrt, ein spätgotischer Bau von Valentin Kindlin, Straßburg, und Ulrich Kiffhaber, Landsberg (1458–88). Sie birgt einen schier unerschöpflichen Kunstreichtum. Die Barockausstattung erhielt sie Ende des 17. Jahrhunderts, im Rosenkranzaltar von Dominikus Zimmermann (1721) steht die Multscher-Madonna (Hans Multscher aus Ulm, 1440). Der Hauptaltar stammt von Jörg Pfeiffer, Bernbeuren (1680), die Großskulpturen schuf Lorenz Luidl (um 1650–1719), ebenso den berühmten Palmesel (1671). Der Akanthusrankenstuck im Mittelschiff ist ein Werk von Johann und Joseph Schmuzer, Wessobrunn.

Etwas nördlich der Pfarrkirche, am »Vorderen Anger«, lohnt die ebenfalls von Dominikus Zimmermann 1750–52 errichtete Johanneskirche einen Besuch. Der prachtvoll in Rokoko ausgestattete, durch Doppelsäulen gegliederte Ovalraum mit Chor gilt als Vorläufer von Zimmermanns Meisterwerk, der Wieskirche, und beherbergt neben originellen Altären ebenfalls Luidlfiguren. Die freistehende Taufgruppe stammt jedoch von

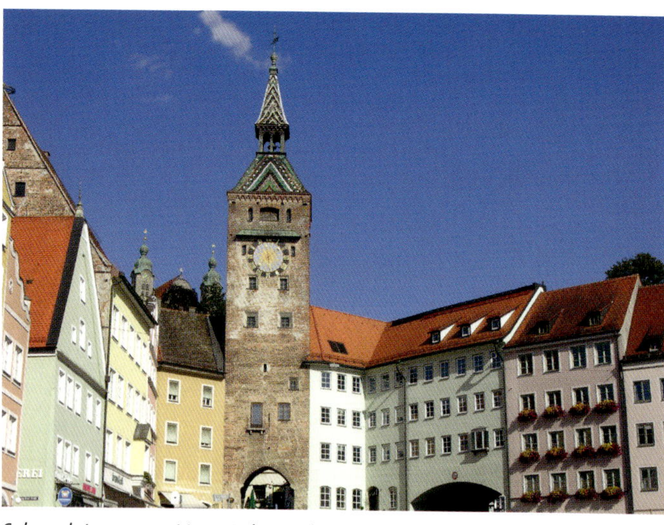

Schmalzturm am Hauptplatz, oberhalb die Jesuitenkirche

Zimmermann. Im Süden, vor der Karolinenbrücke, findet sich die ehemalige Klosterkirche der Ursulinen. Planung und Bau von Kirche und Kloster (1720–25) lagen auch hier in den Händen von Zimmermann, die Ausstattung der Kirche erfolgte jedoch erst 1765–66. Das Altarblatt im Hochaltar ist ein Werk des Augsburger Akademiedirektors Johann Georg Bergmüller, sein Sohn Johann Baptist Bergmüller schuf die Wand-, Decken- und Emporenbilder.

Hoch auf dem Lechrain erheben sich über der Altstadt die Doppeltürme der ehemaligen Jesuitenkirche Heilig Kreuz. Sie war die erste Kirche des Ordens in Süddeutschland, wurde von Johann Holl, dem Sohn des berühmten Augsburger Baumeisters Elias Holl, errichtet und 1584 geweiht. Allerdings musste sie einem barocken Neubau (1752–56) des Laienbruders Ignatius Merani weichen. Der reiche Freskenschmuck stammt vom Asamschüler Thomas Scheffler; für die Altarbilder zeichnen Johann G. Bergmüller und der »Lechhansl« genannte Johann Baptist Baader verantwortlich, die Emporenbilder malte der bedeutende Bergmüller-Schüler Gottfried Bernhard Göz. Das Jesuitenkolleg selbst entstand in den Jahren 1576–78. Im ehemaligen Jesuitengymnasium ist das Neue Stadtmuseum untergebracht. Es beherbergt eine umfangreiche Sammlung, darunter auch Schnitzwerke der Landsberger Bildhauerfamilie Luidl.

Die alten Befestigungsanlagen, die ein ausgeschilderter Stadtrundgang erfasst, sind in wesentlichen Teilen erhalten. Es existieren noch 5 Tortürme, 8 Wehrtürme und 19 Schalentürme. Herausragend ist das den Abschluss des östlichen Mauerrings bildende gotische Bayertor (1425 erbaut, 36 m hoch), eines der schönsten Stadttore in Bayern. Es kann bestiegen werden und bietet einen prachtvollen Rundblick über Stadt und Land bis zu den Alpen.

Nicht zur Wehranlage gehört der verspielte Mutterturm auf der anderen Lechseite, den der deutsch-englische Maler Sir Hubert von Herkomer 1888 als Wohnung und Atelier errichten ließ und dem Andenken seiner Mutter widmete. Heute beherbergt er eine umfangreiche Sammlung des Künstlers. Im »Vorderen Anger« im Schuhhaus Pflanz wartet ein Historisches Schuhmuseum auf Besucher, eine private Sammlung von Peru bis China, von König Ludwigs Fußbekleidung bis zu Lothar Matthäus' Fuß-

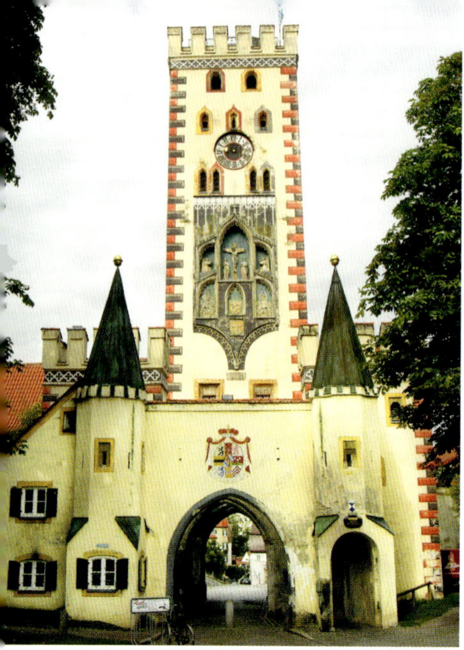

Das wunderschöne Bayertor in Landsberg

ballstiefeln sowie die umfangreichste Schuhlöffelsammlung der Welt. Alle vier Jahre findet das größte Kinderfest Bayerns, das mittelalterliche Ruethenfest mit einem historischem Festzug und Landsknechtlager statt.

Empfehlenswert sind Stadtführungen zu den verschiedensten Themen (auch zur Lechflößerei), die im Internet gelistet sind und zu denen man sich bei der Tourist-Information anmelden muss.

Vom Hauptplatz gehen wir südlich zur Karolinenbrücke, nahe der sich der Lech über ein breites Wehr ergießt. Noch vor dem Flussübergang wenden wir uns links ins »Klösterl«. Der Weg macht einen Rechtsknick, und wir folgen dem »Wildparkweg« gerade durch den Privatparkplatz zum Flussufer, ab hier begleiten uns viele Informationstafeln zu den verschiedensten Themen.

Wir passieren zunächst einen kleineren Nagelfluhbrocken, an dem sich die zusammengebackene Molasse, aus denen die Steilhänge überwiegend bestehen, gut studieren lässt. Dann sehen wir den tonnenschweren Felsklotz, der sich Ende März 2011 löste und den Hang hinabstürzte. Anschließend bringt uns links ein Durchlass in den **Wildpark**, dessen Wasser aus den Hangquellen der Steilkante gespeist wird.

Wir bleiben immer auf dem Hauptweg und gehen hinter dem Radelparkplatz der Kneipp-Anlage den breiten Weg links hinauf zum Wildsschweingehege. Rechts daran entlang, wenden wir uns vor der Damwild-Wiese links und marschieren oben am Ende des

Wildschweinareals weiter aufwärts, dem Rechtsbogen nach und an der Gabelung rechts am Rastplatz vorbei, zunächst etwas bergab. Dann führt der Weg in leichtem Auf und Ab im bewaldeten Hang dahin, bis wir den Wildpark durch einen neuerlichen Durchgang verlassen, zum Forstweg kommen und diesen links bergauf gehen bis zur Kreuzung.

Scharf rechts müssen wir den schmaleren Weg ein paar Meter kurz und kräftig bergan, oben gemütlich durch den Wald, bis uns das Schild »Naturlehrpfad« rechts zu einem Aussichtspunkt an der Hangkante schickt. Hier haben wir einen hübschen Blick über den See der Lechstaustufe 15 (geflutet 1943), an klaren Tagen sieht man bereits die Tannheimer und Allgäuer Berge.

Es folgt eine Rasthütte, dahinter laufen wir rechts auf einem Steiglein hinab in die Schlucht mit dem kleinen Stausee. Wir überschreiten die Mauer, halten uns rechts und mögen fast an die Sage vom früheren Treffpunkt der Hexen und Druiden, Wichtel und Holzweiblein glauben, während wir dem munter plätschernden Bächlein abwärts folgen zum Lech-Uferweg, wo uns der Neubau der »Teufelsküche« – eine gelungene Symbiose zwischen Trinkwasserpumpstation und Gaststätte – zurückholt in die Moderne.

Links gelangen wir zu den ersten Häusern von **Pöring**. Nach etwa 100 Metern weist das »L« links den Treppensteig hinter einem eingefriedeten Grundstück den Hang hinauf. Oben auf der Querstraße links, steht die Schlosskirche zur Besichtigung an.

Info *Schloss Pöring, das 1885–91 neugotisch umgestaltet wurde, enthält noch Teile des ursprünglichen Baus aus dem 15. bis 17. Jh. (privat, nicht zugänglich). Kunstgeschichtlich interessant ist die Schlosskirche, mit deren Neubau Dominikus Zimmermann 1739 begann. Die fantasievoll dreigeteilten Fenster lassen viel Licht in den rechteckigen Raum mit Chor, eine Bauweise, die er in der Wieskirche zur Vollendung brachte. Zimmermann wirkte hier nicht nur als Architekt, sondern auch als Stuckator und Maler und schuf in dem Kirchlein das einzige von ihm bekannte Deckenfresko. Einhellig ist jedoch die Meinung, dass es nicht an seine Baumeis-*

ter-Qualitäten heranreicht. In Pitzling ist die Pfarrkirche sehenswert. Sie ist wohl im 13. Jh. entstanden, urkundlich erwähnt ist sie jedoch erst 1435. Vom 16. bis zum 18. Jh. diente sie als Grablege der Pöringer Schlossbewohner (Grabtafeln innen und außen). Auch hier sind Figuren von Lorenz Luidl zu finden. Der Hochaltar (von Franz-Xaver Schmuzer) wurde anlässlich der Säkularisation des Klosters Wessobrunn hierher versetzt.

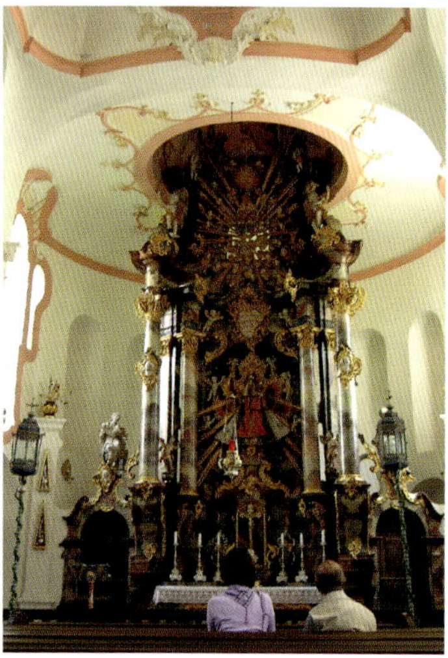

Die Schlosskirche in Pöring ist ein Werk von Dominikus Zimmermann.

Wir gehen zurück zum Steig, folgen aber geradeaus dem Sträßchen ins Dorf. An der Gabelung laufen wir rechts bergab zu einem Soldaten-Ehrenmal und gerade die Straße aufwärts zur Kirche von **Pitzling**. Am Brunnen vorbei spazieren wir geradeaus in die »Seestraße«, jetzt aufpassen: Gleich bei der Bushaltestelle geht es links die »Reitenstraße« aufwärts, oben beim putzig-kleinen Häuslein geradeaus, vorbei an einem Kruzifix mit Bank und am Abzweig rechts die »Pfannenstieler Straße« hinunter, an der Einmündung der »Seiferstetter Straße« gerade weiter.

Nach den letzten Häusern marschieren wir auf einem Feldweg hinaus in die Fluren und bei den kleinen Teichen geradeaus, eine Zeitlang am bewaldeten Rain entlang. Dann auf den nächsten Schilderpfosten achten: Hier zeigt der Pfeil links in einen Steig, und durch einen Hohlweg geht es im Hangwald hinauf zur Hochterrasse. An der Waldecke müssen wir rechts Richtung »Mundraching, Epfach«, auf begrüntem Pfad stets am Waldessaum entlang und erneut ins Holz. Stehen die Bäume schwach im Laub, sieht man wie weit sich hier der Lechsee dehnt. Rechts immer scharf an der Kante des Steilhangs weiter, kommen wir zuletzt links zu einem Fahrweg.

Auf diesem rechts abwärts, passieren wir einen Hangabriss. Wenig später lassen starkwüchsige Binsen erkennen, dass der eiszeitliche Kies- und Schotterhang stark durchnässt ist, was am gesamten Lechrain immer wieder zu Hangrutschen führt. An einer schattigen Quelle lädt ein kleiner Brotzeitplatz zur Rast; gegenüber auf dem Hügel gab es einst eine Keltenschanze.

An der Verzweigung beim großen Wegedreieck laufen wir links bergan, oberhalb eines Bachgrabens entlang und biegen rechts in den schnurgeraden Forstweg ein, der nach einem Rechtsbogen die Hangkante trifft. Hier lassen wir uns, im spitzen Winkel rechts, von einem breiten Steig zum nahen **Aussichtsplatz** geleiten, von dem man aus stolzer Höhe auf den Fluss, das gegenüberliegende Dornstetten und die Staustufe 13 (geflutet 1943) sowie an klaren Tagen bis zum Hochgebirge schaut.

Zurück zum Weg, führt dieser kurz darauf abwärts und ein wenig bergauf, dann steht ein überdachtes Rasthüttchen am Wege. Erneut abwärts, kommen wir zu einer Gabelung. Hier nehmen wir den linken Weg, der kurz darauf schmaler wird; durch die Bäume schimmert der Stausee. Ein paar Schritte aufwärts bringen uns wiederum zu einem Fahrweg, dem wir rechts folgen. Wir queren eine Bachrinne, danach müssen wir ansteigen und an der Verzweigung rechts weiter bergauf. Wir laufen etwas flacher dahin, einem Linksbogen nach und kurz und steil durch einen Hohlweg bergan.

Hier folgen wir geradeaus dem Forstweg, der aus dem Wald und zu einem querlaufenden Teersträßchen kommt. Links sieht man das Dorf **Stadl** (dorthin zur Übernachtung links, ca. ¼ Stunde, 1 km), entfernter im Süden die in der Kunstwelt berühmte barocke Wallfahrtskirche von Vilgertshofen. Wir halten uns rechts, spazieren am von alten Buchen gesäumten Waldrand entlang, dann durch eine kleine Senke geradeaus den Asphaltweg weiter. Beim

Brunnenhaus steht eine Rastbank, wir schauen bis zum Säuling und zu den Tannheimer Gipfeln. Danach führt der Weg rechts den Hohlweg hinab nach **Mundraching**. An der Ortsstraße beim selten geöffneten Gasthof »Linde« müssen wir hinüber zum Brünnlein und unterhalb links weiter (Variante nach Hohenwart).

Info *Die frühe Besiedelung der Gegend um Mundraching vor etwa 2500 Jahren ist durch sieben große Hügelgräber südlich des Dorfes nachgewiesen. Bis zum Ende der Flößerei legten auch bei Mundraching die Lechflöße an. Heute ist es ein ruhiger, recht hübsch oberhalb der Lechschleife gelegener Ort.*

Der Römerkessel auf der anderen Flussseite wird von vielen Altertumsforschern als das römische »Cassiliacum« angesehen, da westlich die alte Römerstraße (Via Claudia) vorbei führte. Andere wiederum sprechen von der in der militärischen Grenzlinie gelegenen »Kesselburg bei Warthausen«. Die Anwesenheit der Römer scheint jedenfalls dadurch bewiesen, dass hier verschiedentlich römische Münzen gefunden wurden. 1487 erstmals genannt, gehörte der »Rummenkessel« 1583 zur Vogtei der Herrschaft Rauhenlechsberg und wurde mitsamt dem Ort Seestall an Bayern verkauft, dessen Kurfürst dort eine Mautstation einrichtete.

Schließlich vermerkt die Geschichte noch, dass sich der im Jahr 1771 in Dillingen an der Donau hingerichtete »Bayerische Hiasl«, Hirtensohn aus Kissing bei Augsburg (geboren 1736 mit bürgerlichem Namen Mattheus Klostermair), seines Zeichens Wildschütz, Räuber und Mörder – andere sahen ihn bereits als Vorkämpfer für mehr soziale Gerechtigkeit und Menschenrechte - gern am Römerkessel aufhielt.

An der Gabelung links und rechts zum Ort hinaus (Variante kommt hinzu), wandern wir durch den teils mit Schilf bewachsenen Auwald. Der Weg steigt höher über den Fluss und führt hinaus in die von Wald gesäumten Wiesen. Bei der Kreuzung gerade weiter, auf die Stadel zu und dort den gerade abzweigenden Feldweg zur Lechkante. Hier schauen wir erneut aufs Wasser und erreichen im Linksbogen die Wiesenecke, bei der wir rechts in den Wald müssen.

Als nächstes nehmen wir den Abzweig nach rechts und folgen bergab dem schmaler werdenden Weg, der nun länger in leichtem Auf und Ab im schattigen Hangwald über dem Lech entlang läuft. Er verbreitert sich später wieder auf Fahrwegabstand und begrünt sich schließlich etwas. Dann aufpassen: wo der Weg aufwärts zieht, zweigt schräg rechts ein gut sichtbarer schmaler Steig ab, auf dem es weitergeht.

Wir befinden uns im Naturschutzgebiet Hirschauer Halde und laufen auf dem Steiglein am Lechrain entlang. Nach einer kleinen Heidefläche kommen wir geradeaus zu einem freien Blick auf den Fluss und folgen dem nun wieder breiteren Weg, der in einen Fahrweg mündet. Geradeaus verlassen wir nach wenigen Metern den Forst und bleiben stets am Waldrand bis zur Straße Reichling – Epfach, die wir rechts hinablaufen zur Kapelle (Tipp) und Lechbrücke, auf der uns der Heilige Lorenz empfängt. Sehr schön ist hier der Blick in die Steilkurve des Flusses.

Nach der Brücke wenden wir uns links in die »Flößerstraße«, können links dem geschichtsträchtigen Lorenzberg mit dem Kirch-

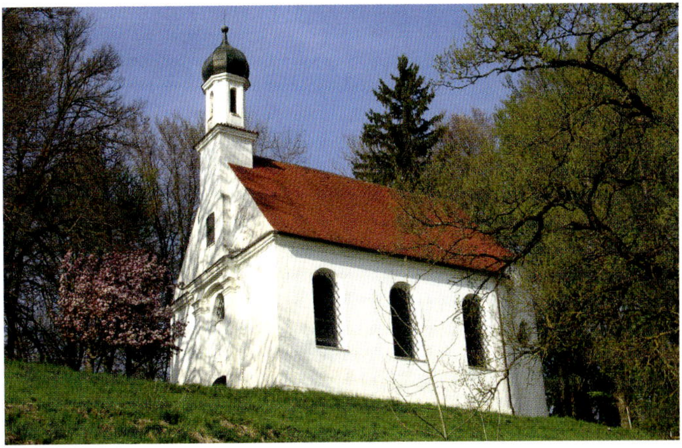

Die Lorenzkapelle steht auf geschichtsträchtigem Boden.

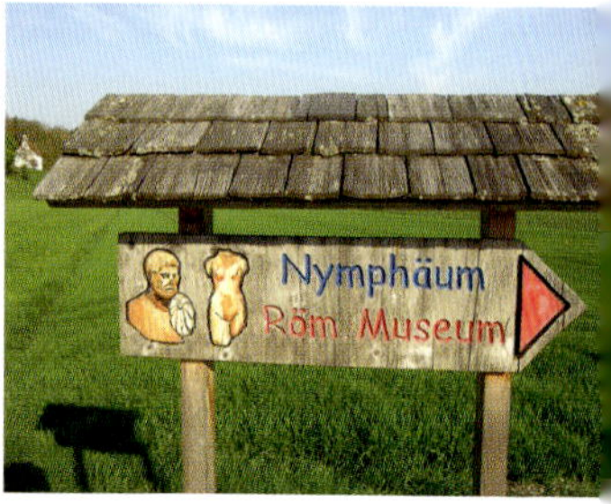

lein unsere Aufwartung machen oder direkt in den Ort gehen und rechts über den »Auenfeldweg« das Zentrum von **Epfach** erreichen. Ein Schild weist rechts (dann geradeaus) zum nahen Nymphäum, oder wir gehen gleich links die »Römerstraße« weiter, um den schönen Pfarrhof herum zum kleinen Museum Abodiacum und zum Wirtshaus »Zur Sonne« an der Hauptstraße.

Info *Direkt nach Augsburg feierte Epfach 1986 sein 2000jähriges Bestehen. Den ersten Holzbauten (15 v. Chr.) folgten Häuser aus Stein, womit das kelto-romanische »Abodiacum« seinen Platz in der Geschichte bekam. Doch belegen Hügelgräber aus der Bronzezeit (1900 v. Chr.), dass das Land an einem der wichtigsten Lech-Übergänge bereits in der Vorgeschichtszeit Siedlungsgebiet war.*

Nach den Kelten kamen die Römer, deren Straßen von Salzburg über Kempten nach Bregenz und die viel genutzte Via Claudia von Verona nach Augsburg sich an dieser Stelle trafen. Der älteste christliche Fragmentfund nördlich der Alpen, eine römische Öllampe mit griechischem Christusmonogramm (4. Jh.), ziert heute das Gemeindewappen.

Grabungen auf dem Lorenzberg in der großen Lechschleife ergaben, dass der zivilen Ansiedlung eine Militärstation vorausging. Auf dem Platz der heutigen Lorenzkapelle gab es einen 211 n. Chr. geweihten, reich ausgestatteten Tempel. Im 5. Jh. befand sich hier eine alemannische Siedlung, später diente der Hügel als Friedhof, wobei die neueren Gräber auf die römischen gesetzt wurden. Die alten Grabsteine wanderten ins Römische Museum nach Augsburg; lediglich zwei Meilensteine und Mauerreste im Aufgang sind noch vorhanden. Das kleine, aber feine Museum Abodiacum zeigt Exponate aus der römischen Geschichte Epfachs, außerdem ein Modell des früheren Lorenzberges.

1987 hat man beim Bau des Feuerwehrhauses Reste eines überdachten römischen Brunnenhauses, das Nymphäum, ausgegraben und vor die Gemeindeverwaltung versetzt. Der kleine quadratische Bau umfasste ein halbrundes Wasserbecken und war vermutlich mit einem Dach, einer Speierfigur und einer offenen Eingangsfront ausgestattet. Diese Art der Brunnenanlage hing mit der Gartengestaltung der römischen Villenarchitektur zusammen. Der Rekonstruktionsversuch auf einer Tafel zeigt, wie sie einst ausgesehen haben könnte.

Variante

Zur Übernachtung im »Landgasthaus Hohenwart« beim Römerkessel geht es in Mundraching gerade abwärts, bald nach der Kirche den linksseitig verlaufenden Fußweg gerade hinab in die Wiesen. Beim Parkplatz über die Straße und am Flößerdenkmal vorbei über die Lechbrücke nach **Lechmühlen**. Nach der kleinen Kapelle rechts in das für Kfz gesperrte Sträßchen. Es führt bergan auf eine Hangterrasse, dort links weiter aufwärts zum »Landgasthaus Hohenwart« an der B 17 (ca. ½ Std., 2 km, Bushaltestelle).
Am nächsten Tag wieder hinab zur Lechbrücke, beim Flößerdenkmal über die Treppe hinab zum Uferweg und links unter der Brücke hindurch zur Staustufe 12 (geflutet 1943). Dort hinauf zum Damm, an dessen Ende gerade bergan in den Wald zum Treff mit der Hauptroute (Seite 32), rechts weiter.

Tipp

Vor allem an klaren Tagen mit guter Fernsicht ist der Aufstieg zum »Balkon Oberbayerns« bei Reichling nahezu ein Muss. Er beginnt im Hang hinter der kleinen Kapelle und führt als Steig im Wald, schließlich an der hohen, steil abfallenden Lechkante empor zu einer Bank am höchsten Punkt. Hier ist die Aussicht leider zugewachsen, doch dahinter geht es wenige Meter bergab und weiter zu einem neueren Abriss mit einem Kreuz. Hier öffnet sich die herrliche Ansicht der Lechschleife vor Epfach, die den St.-Lorenz-Berg umfließt. Man schaut übers Lechtal nach Apfeldorf und in die Verengung, die »Hohe Furche« bei Hohenfurch. Dahinter erstreckt sich die Bergkette über den gesamten Horizont.

Besonders schön und unendlich weit sieht man das grandiose Alpenpanorama vom nahen, mit Bäumen bestandenen Wurzberg (Wasserbehälter) des Ortes **Reichling**. Wer dort übernachtet muss sowieso hinauf. Entweder geht man vom Aussichtspunkt beim Kreuz zurück und vor dem Anstieg rechts den begrünten Weg, dann das Sträßchen bergan ins Dorf, gerade weiter und vor einem Zweckgebäude links zum Kindergarten, von dort über einen Wiesenpfad auf den Hügel. Oder man läuft nach dem Waldaufstieg gleich links am Waldrand zur Straße (sofern möglich auch wenig später am Ackerrand), an dieser rechts entlang und nach dem Flurkreuz links in den Teerweg. Noch vor den Solitärbäumen rechts den Wiesenhang hinauf zum Wasserbehälter auf der Kuppe (Rastbänke, von der Kante ca. 10 Minuten). Zur Nächtigung nördlich direkt weiter ins Dorf. Auf gleichem Weg wieder hinab zur Kapelle und links über die Lechbrücke nach Epfach.

Info *Auch Reichling blickt auf ein stolzes Alter zurück. Eine erste urkundliche Erwähnung fand unter dem Namen »Richilo« statt. Der Ort entstand auf dem Lechrain in der Nähe des römischen »Konsularweges«, einer Ost-West-Verbindung von der Via Claudia zur römischen Brennerstraße bei Raisting. Der weithin sichtbare, mächtige Turm der Pfarrkirche (erbaut 1780/84) steht auf römischen Fundamenten.*

Gegenrichtung

Beim Gasthaus »Sonne« und dem Museum Abodiacum rechts den »Römerweg« ums schöne Pfarrhaus herum. Beschilderter Abstecher zum Nymphäum, oder bei der Kirche gleich rechts den »Auenfeldweg« abwärts. Unten geht es links durch die »Flößerstraße«, an deren Ende kann man rechts dem Kirchlein auf dem St. Lorenz-Berg einen Besuch abstatten.

Von da zurück und über die Lechbrücke mit dem Heiligen Lorenz und schönem Blick in die Steilwände der Lechleite. Die Straße

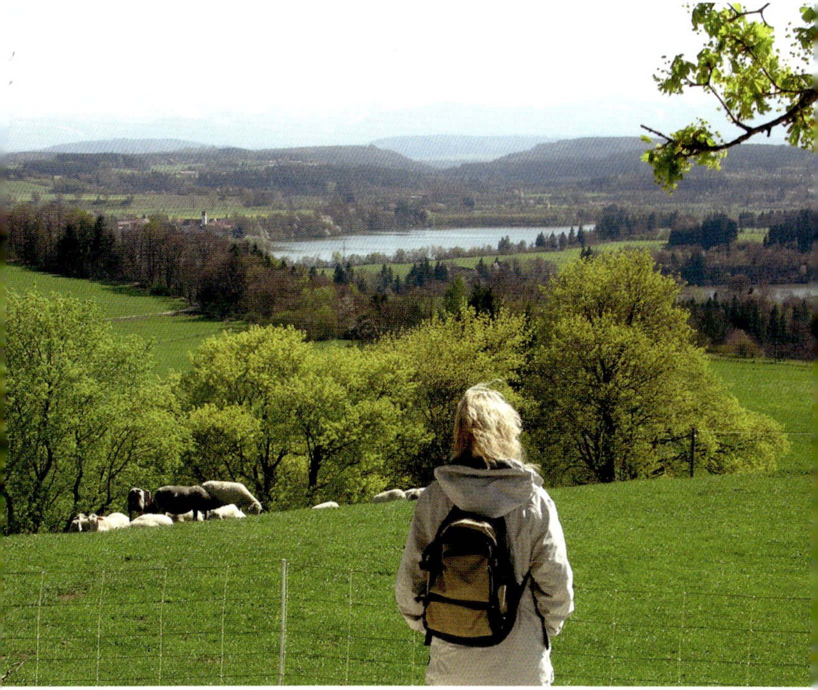

Vom Wurzberg bei Reichling überschaut man die Lechbögen und ein weites Alpenpanorama.

steigt an. Bei der Kapelle besteht die Möglichkeit, rechts den lohnenswerten Abstecher zur Aussicht auf die Lechschleife oder hinauf nach **Reichling** zum Wurzberg zu machen (siehe Tipp), um den großartigen Panoramablick übers Lechtal und die Alpenkette zu genießen. Auf gleichem Weg hinab zur Kapelle und rechts die Straße weiter aufwärts bis zur scharfen Rechtskurve.

Dort links abzweigen, immer am Waldrand bleiben und beim Kfz-Sperrschild in den Wald. Nach wenigen Metern an der leichten Rechtskurve geradeaus ab in einen schmaleren Weg und immer geradeaus durch die Hirschauer Halde zu einem freien Blick auf den Fluss, hier auch eine kleine Heidefläche. Immer auf dem Steiglein weiter am Lechrain entlang bis zu einem etwas breiteren begrünten Weg, diesem links folgen. In leichtem Auf und Ab im Hangwald entlang und schließlich hinauf zu einem Forstweg. Auf diesem links aus dem Wald zur Wiesenecke.

Links an der Lechkante bleiben, im Rechtsbogen davon weg auf die Stadel zu, dort und an der Kreuzung geradeaus. Am Ende der Wiesen gerade durch den Auwald (beim Linksabzweig kann man zur Staustufe 12 und auf dem Uferweg zur Lechbrücke gelangen, dort über die Variante zur Übernachtung nach **Hohenwart**. Zurück über die Lechbrücke und gerade auf dem Fußweg nach **Mundraching**, vorbei an der Kirche zum Brünnlein) und gerade weiter nach Mundraching.

Beim Brünnlein zur Straße, kurz rechts bergan und bei den letzten Häusern links abzweigen in den ansteigenden Hohlweg, der aus dem Ort und zum Brunnenhaus führt. Immer auf dem Teerweg weiter, am Waldrand mit den alten Buchen entlang bis zu einem Linksabzweig (geradeaus ginge es hinauf nach **Stadl**), hier abbiegen in den Wald Richtung »Pitzling, Landsberg«.

Nun auf dem breiten Forstweg im Schatten dahin, einen kurzen Hohlweg steiler bergab, dem Rechtsbogen nach, dann etwas flacher und am einmündenden Weg gerade erneut abwärts. Eine Bachrinne wird gequert, vom folgenden Fahrweg links abbiegen, ein paar Schritte bergab und auf einem schmaleren Weg wiederum zu einem Fahrweg. Es geht bergauf, gerade an einer kleinen Rasthütte vorbei und zur Höhe. Kurz darauf kann man den links abzweigenden Steig an der Hochkante zum nahen Aussichtsplatz nehmen und zum Weg zurückkehren.

Diesen weiter, weg von der Kante und im Linksbogen auf den schnurgeraden Forstweg einbiegen. Er kommt zu einem quer laufenden Bachgraben. An diesem links abwärts, beim großen Wegedreieck rechts halten und rechtsseitig an der Quelle mit einem kleinen Brotzeitplatz vorbei. Danach etwas ansteigend durch den

Hangabriss, oben auf den Linksabzweig achten. Er führt kurz darauf zum Steig auf der Hochkante, an dieser immer entlang bis zur Waldecke. Hier links Richtung »Pitzling, Landsberg« den Steig durch den Hohlweg hinab und ins Freie.

Jetzt rechts und immer geradeaus unterhalb des bewaldeten Rains weiter, zu kleinen Teichen und gerade hinein nach **Pitzling**. An der Einmündung der »Seiferstetter Straße« gerade bergan (»Pfannenstieler Straße«), oben links, vorbei an einem Kruzifix mit Bank. Vor dem putzigen Häuslein links die »Reitenstrasse« abwärts, unten rechts zur Kirche und am Brunnen vorbei, dann gerade die Straße abwärts zum Soldaten-Ehrenmal. Hier könnte man geradeaus der Dorfstraße folgen, zum Schloss Pöring mit der Schlosskapelle geht es jedoch rechts bergan und an der Kurve geradeaus.

Kurz vor der Kapelle zeigen die Schilder links, den Treppensteig hinab zur Straße, unten rechts zum Ortsende von **Pöring** und am Lech weiter zum Gasthaus »Teufelsküche«. Hier rechts und dem Bach durch die Schlucht bergan folgen, links über den kleinen Staudamm, auf der anderen Seite oben links zu einer Rasthütte. Gerade weiter zum Aussichtspunkt an der Hangkante und auf dem Naturlehrpfad weiter. Er hält sich mehr rechts und führt weg von der Leite, dann hinab zu einer Kreuzung.

Links auf dem Fahrweg bergab, als nächstes rechts abzweigen und durch ein Gattertor in den Wildpark. Im bewaldeten Hang dahin, vorbei an einem Rastplatz, dann links abwärts zum Wildschweingehege, linksseitig weiter abwärts zur Damwildwiese, auf dem Querweg rechts, dann links hinab und rechts zur Kneippanlage. Dem breiten Hauptweg im Linksbogen folgen, durchs Gatter und rechts am Felssturz vorbei zu einem kleinen Parkplatz in **Landsberg**. Gerade hindurch, dann links durchs »Klösterl« zur Hauptstraße bei der Karolinenbrücke, rechts zum nahen Hauptplatz im Zentrum mit der Tourismus-Information. Zum Bahnhof geht es links über die Brücke, geradeaus weiter, dann rechts »Bahnhofsplatz«.

2. Etappe

Von Epfach nach Schongau

Über Flusshöhen zur Altstadt auf dem Lechhügel

Start Epfach, Museum Abodiacum.
Verkehrsanbindung Bushaltestellen in Epfach, Hohenfurch und Schongau. Bahnhof in Schongau, dieser wird nur über Weilheim und Peißenberg angefahren.
Streckenlänge Epfach (651 m) bis Schongau (710 m) etwa 4 bis 5 Std. (16 km).
Epfach – Kinsau 1 ¼ Std. (5 km) – Hohenfurch 1 ¼ Std. (5 km) – Schongau 1 ½ Std. (6 km).

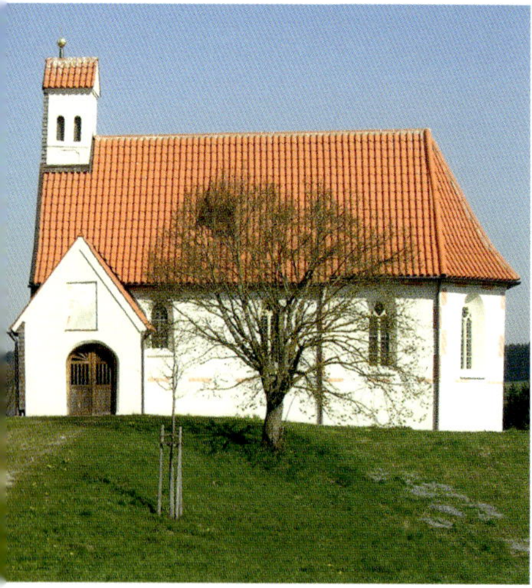

Kapelle St. Ursula, Hohenfurch

Charakter Die Landschaft wird langsam hügeliger und bietet immer wieder schöne Ausblicke auf den Fluss und zum Hochgebirge. Schattenstrecken wechseln mit sonnigen Abschnitten. Sehenswerte Altstadt in Schongau.
Einkehr In Hohenfurch »Schönachhof« , Juni – Mitte/Ende Okt. Fr. – So. ab 15 Uhr), Hotel-Gasthof »Negele« an der B 17 (täglich, Mo. erst ab 16 Uhr). Mehrere Gasthäuser in Schongau.
Öffnungszeiten Schongau, Stadtmuseum: Mi., Sa., So. und Feiertage 14 – 17 Uhr.
Baden In Schongau Erlebnisbad »Plantsch«, vom Festplatz (Parkplatz) noch wenige Meter weiter (www.plantsch-schongau.de).
Information Tourismus-Information Hohenfurch, Hauptplatz 7, 86978 Hohenfurch, Tel. 0 88 61/9 08 17 98, www.hohenfurch.de
Tourist Information, Münzstr. 1–3, 86956 Schongau, Tel. 0 88 61/21 41 81, www.schongau.de

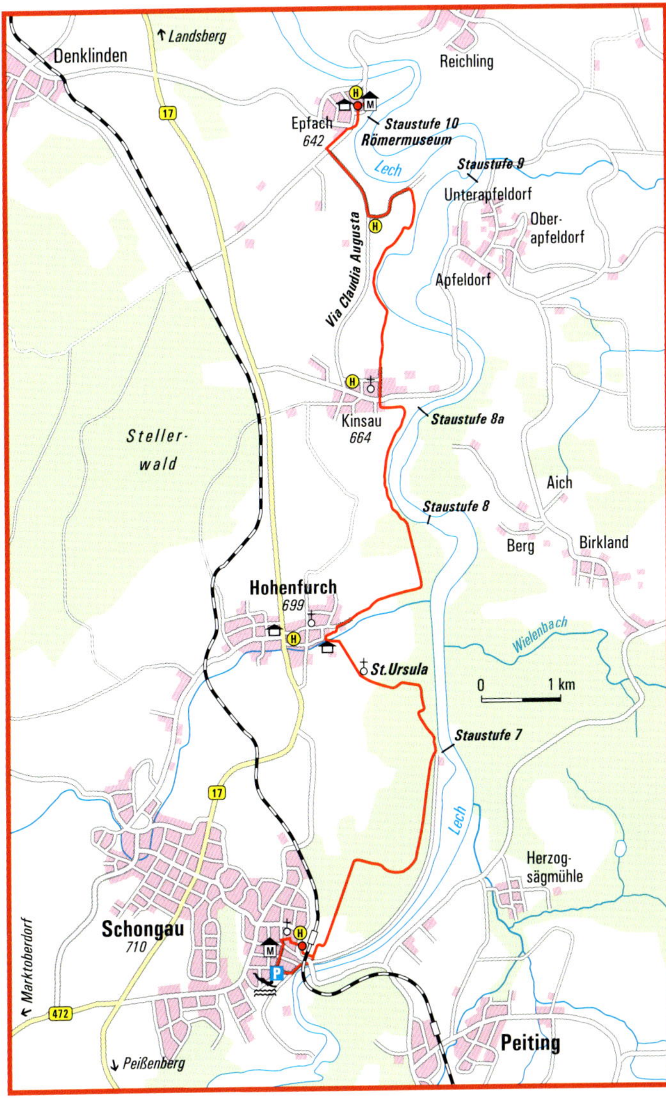
Landsberg
Denklinden
Reichling
Epfach
642
Staustufe 10
Römermuseum
Lech
Staustufe 9
Unterapfeldorf
Ober-
apfeldorf
Apfeldorf
Via Claudia Augusta
17
Kinsau
664
Staustufe 8a
Steller-
wald
Aich
Staustufe 8
Berg
Birkland
Hohenfurch
699
Wielenbach
St. Ursula
0
1 km
Staustufe 7
Lech
Herzog-
sägmühle
Schongau
710
Marktoberdorf
472
Peißenberg
Peiting

Wegverlauf

Vom Museum folgen wir der Straße südlich bergan, bekommen zwischen den Häusern einen Blick auf die nächste Lechschleife und biegen oben links ab Richtung »Kinsau«, bei der Bushaltestelle wiederum links. Kurz lässt sich im Süden das Hochgebirge sehen, dann führt das Sträßchen abwärts zum ersten Haus in der **Forchau**. Noch einmal schauen wir zum hohen Abriss der Steilkante, darüber erhebt sich die Kirche von Reichling, kurz sind auch Kapelle und Kirche von Epfach zu sehen. Weiter abwärts und zwischen den Scheunen des nächsten Anwesens hindurch, zeigt gleich darauf die Markierung rechts in einen Feldweg.

Entlang einer Wiese bewegen wir uns auf einer der Schotterterrassen aus der Würmeiszeit, folgen dem breiten Weg in Rechts-Links-Kurve durch die Wiese, treffen auf die unterste Hangkante und eine Wegteilung. Wir gehen links hinab zum Ufer (bei Hochwasser rechts aufwärts, oben links, dann links hinab nach Kinsau zur Kirche), lassen uns vom Anblick des Altwassers mit seiner Vogelwelt und dem Auwald bezaubern und passieren eine kleine Brücke. Danach führt ein Teersträßchen rechts weg in die Wiesen, durch die wir direkt auf **Kinsau** zuhalten. Beim ersten Anwesen müssen wir rechts über die Bachbrücke, schließlich gerade hinauf zur Kirche.

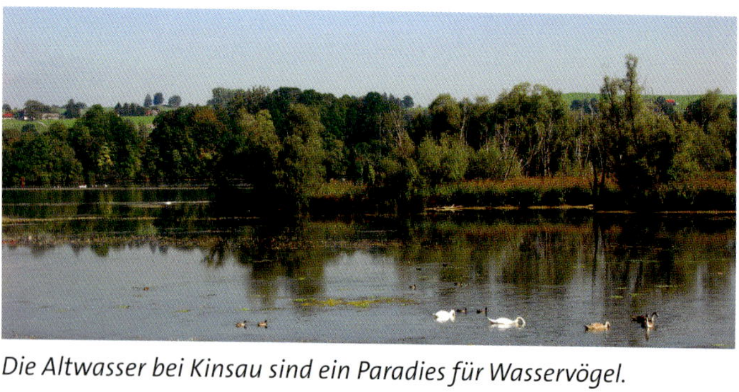

Die Altwasser bei Kinsau sind ein Paradies für Wasservögel.

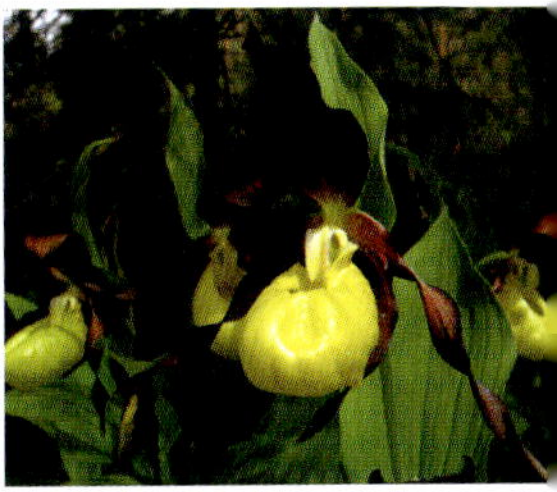

Info *Das in die Lechterrassen gebettete Kinsau, das eine Frauenschuhblüte (Bild rechts) als schönste Vertreterin der Auen-Vegetation im Ortswappen führt, wurde 1323 erstmals in einer Schenkungsurkunde eines Grafen von Seefeld an das Kloster Steingaden erwähnt. Die ursprüngliche Pfarrkirche stammte aus der ersten Hälfte des 17. Jahrhunderts, die heutige entstand 1712 anstelle der zu klein gewordenen früheren Wallfahrtskirche, in der ein Marienbildnis (um 1510) verehrt wurde.*

Sie schmückt sich mit Wessobrunner Akanthusstuck (1717) und Bildhauerarbeiten von Lorenz Luidl. Nach der Erbauung der Wieskirche (1754) verlor die Kinsauer Wallfahrt jedoch immer mehr an Bedeutung. Zusammen mit dem Pfarrhof (1739–41 erbaut) beherrscht die Kirche das Bild des Dorfes, das sich als schönstes am Lech bezeichnet.

Unterhalb gerade weiter, vorbei an schmucken Wohnhäusern, denen man nicht ansieht dass sie dereinst Gast- und Bauernhöfe waren, laufen wir vor dem Maibaum rechts den Fußweg hinauf zur Hauptstraße und nehmen gleich gegenüber den Treppensteig zur Hochterrasse. Oben links weiter, verlässt der Weg das Dorf, hält sich weiterhin an die hohe Kante und ermöglicht noch mal einen schönen Blick auf die Kirche von Kinsau. Über den hellen Wänden der Lechschleife ist Reichling zu sehen.

Analog der Geländeform kommen wir im Rechtsbogen zu einer kleinen Kapelle. An der folgenden Wegverzweigung halten wir uns links und müssen im Wäldchen durch einen kurzen Hohlweg ansteigen. Wieder im Freien, bleiben wir stets geradeaus, passieren eine kleine Hütte und werden über einen Wiesenpfad knapp an die Kante der Hohen Furche geleitet. Es öffnet sich ein prachtvoller Tiefblick auf die Lechbögen, im Norden liegen Apfeldorf und Reichling. Nur wenig ist noch zu sehen vom alten Wehr im Fluss, das der erst in jüngerer Zeit angelegte Stau 8a bei Kinsau geschluckt hat. Flussaufwärts ist die Staustufe 8 (geflutet 1947) zu sehen.

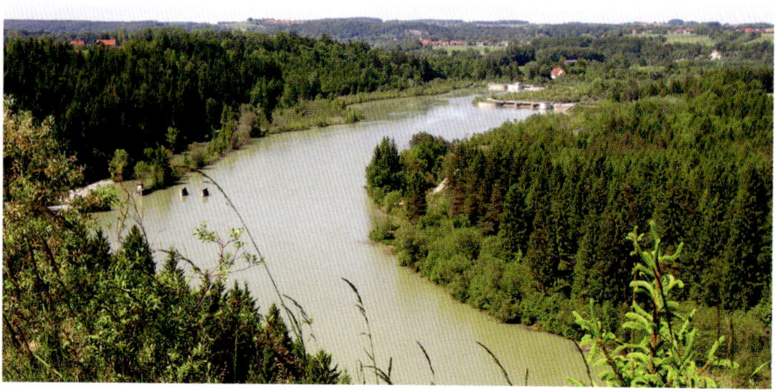

Staustufe 8a bei Kinsau von der Hochkante des Lechs

Wir gehen weiter auf den Wald zu. Ein Wurzelpfad führt an der Kante abwärts in einen kleinen Hohlweg und erreicht einen breiten Weg, dem wir gerade durch das Forststück und die grünen Matten bis zu einer Querstraße folgen. Auf dieser rechts, passieren wir eine hübsche Kapelle und gelangen nach **Hohenfurch**. Am Ortsbeginn halten wir uns links »Im Bachtal«, bis wir nach links die Schönachbrücke queren können und so hinauf zum »Schönachhof« kommen, dessen einladendem Gastgarten man kaum widerstehen kann und auch nicht sollte. Außerdem gibt es hier hofeigene deftige Wurst zu kaufen, die als Proviant für unterwegs in den Rucksack wandert.

Info *Hohenfurch besitzt eine Pfarrkirche aus dem 14. Jh., die 1720/40 barock erweitert wurde. Der feine Stuck nähert sich dem Rokoko. Selten ist der Freskenschmuck der Kanzel, der – wie auch die Deckenmedaillons (1749) – eine Arbeit von Johann Heel ist. Bemerkenswert sind die ausgezeichneten Rokoko-Plastiken und eine »weiche« Madonna (um 1420). Die gotische Kapelle St. Ursula im Süden von Hohenfurch, die die Flößer beschützen sollte, stammt aus dem Jahr 1520. Der Chor wurde 1735 barock umgestaltet, das Chorgestühl und die Empore stammen aus dem gleichen Jahr. Ihre einst wertvolle Innenausstattung fiel zum größten Teil Kirchenräubern zum Opfer.*

Vor dem »Schönachhof« links, wenden wir uns erst bei der »Kapellenstraße« rechts und spazieren bergan zur **Flößerkapelle**. Dort geht es an der Wegteilung links, am nächsten Abzweig geradeaus und mit schönem Rückblick auf Hohenfurch mit seinen beiden Kirchen hinauf in den Wald. Wir bleiben auf dem linken Weg knapp hinter dem Waldrand, an der Kreuzung geradeaus und folgen der Rechtskurve.

Der Weg steigt etwas, beschreibt einen Rechtsbogen und trifft auf einen Querweg, auf diesem links. Vor einer kräftigen Steigung biegen wir links ab Richtung »Schongau«, dann erklimmen wir über einige Stufen die Hangkante zum 774 m hohen, aber als Gipfel nicht ausgeprägten Schwalbenstein. Unter der Hochspannungsleitung öffnet sich ein schöner Blick auf die Lechstaustufe 7 (geflutet 1950), zum Hohen Peißenberg und bis zu den Alpen.

Weiter zieht der Wurzelsteig stets knapp an der fast senkrecht abfallenden Lechleite entlang, mal bergab, dann wieder ein paar Meter bergauf, bis er den Abbruch verlässt und rechts hinabführt zu einem Forstweg. Dort weist das Schild »Schongau« nach rechts.

Zunächst geradeaus, folgen wir dem breiten Hauptweg im Linksbogen abwärts. So gelangen wir zum Trachtenheim am Waldrand, von dem man die riesige Papierfabrik sieht. Das schmale Teersträßchen bringt uns hinab nach **Schongau**, zum Bahnübergang und davor links zur Lechbrücke. Beim Gasthaus führen Treppen hinab zum Lechufer. Wir wenden uns rechts, unterqueren die Straßen- und Bahnbrücke und gehen auf dem Uferweg weiter zum großen Festplatz, der außerhalb von Veranstaltungen als Parkplatz dient und bei dem die nächste Etappe beginnt.

An der Altstadt auf dem Hügel sollte man jedoch nicht einfach vorbeigehen, sondern ihr einen Besuch abstatten. Wer hier übernachtet, muss sowieso hinauf. Dazu wendet man sich beim Bahnübergang rechts, kreuzt die Gleise und noch vor dem Bahnhof nach links die Straße und biegt gegenüber in den Fußweg oder die »Bahnhofstraße« ein. An deren Ende rechts hinauf zu einem

Sträßchen, von dem man wenig später den Torbogen in der Stadtmauer sieht, durch den man in die Altstadt gelangt.

Geradeaus kommt man zum Marienplatz mit dem Rathaus und der Stadtpfarrkirche und geht links am Brunnen vorbei zum Ballenhaus, das durch seine Staffelgiebel auffällt. Dahinter ist bereits der Polizeidienerturm sichtbar, durch den es hindurch und die Treppen hinab, dann als nächstes links hinunter zum Festplatz geht. Kurz rechts zu den Sportanlagen, dann über die Straße zum Uferweg am Lech und mit der 3. Etappe weiter.

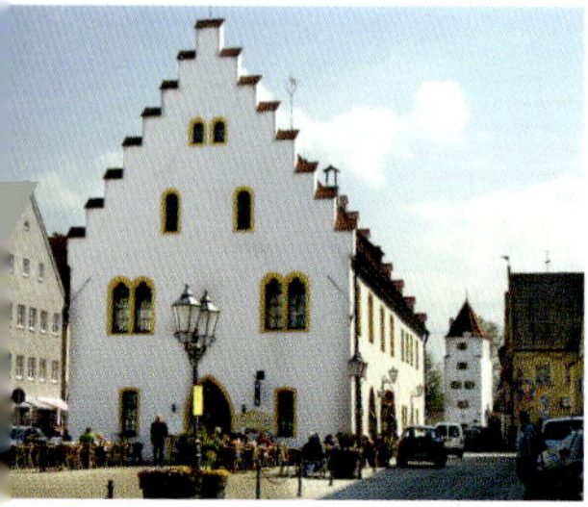

Das Ballenhaus in Schongau

Info *Die Wurzeln von Schongau reichen durch die nahe Via Claudia Augusta (47 nach Christi) bis in die Römerzeit zurück. Im 12. Jh. stand das Gebiet unter Welfenherrschaft, fiel 1197 an die Staufer, und 1268 nahmen es die bayerischen Herzöge aus dem Hause Wittelsbach in Besitz. Ludwig der Bayer verlieh Schongau Stadtrecht und Münze. Eigentlich war das heutige Altenstadt der Ursprung von Schongau, das um das Jahr 1200 als Neu-Schongau auf den einst vom Lech umflossenen Hügel verlegt wurde. Die größtenteils erhaltene Stadtmauer umschließt den historischen Kern und bildet ein besonders schönes, mittelalterliches Stadtbild, das zu den eindrucksvollsten in ganz Bayern zählt (Stadtführungen mit verschiedenen Themen bietet die Tourist Information Schongau an, siehe auch im Internet).*

Am Marienplatz steht das Alte Rathaus, ein spätgotischer Satteldachbau mit Treppengiebeln (1420), auch Ballenhaus genannt, da es als Stapelhalle und Ratsgebäude genutzt wurde. Der spätgotische Ratssaal mit geschnitzter Decke stammt aus dem Jahr 1515. In der Blütezeit vom Mittelalter bis ins 18. Jh., die der Ort als Umladeplatz an der Straße von Augsburg zum Brenner erlebte, entstanden auch die meisten Sakralbauten. Sie sind mit bekannten Namen verbunden.

Die früher spätgotische Pfarrkirche Mariä Himmelfahrt wurde ab 1751 nach Plänen von Dominikus Zimmermann in glanzvollem Rokoko verändert. Das Langhaus stuckierte Jakob Stiller, den Chor Zimmermann, die Fresken malten Matthäus Günther (Decke, 1761) und Franz-Anton Wassermann (Nordwand, 1757). Ein spätbarockes Meisterwerk ist der Hochaltar (1758–60) von Franz Xaver Schmädel mit einer Madonna von Johann Degler.

Bauleiter für die in die Stadtmauer integrierte Spitalkirche Heilig Geist (1727–30) im Komplex des Karmeliterklosters (1720–25) war Joseph Schmuzer. Sie zeigt eine qualitätvolle Innenausstattung, darunter das Hochaltarbild von Gottfried B. Göz (1725). Gegenüber findet sich im Steingadener Richterhaus eine Holzdecke aus dem Jahr 1493. Bei der Hl. Kreuzkapelle vor dem Maxtor handelt es sich um einen Bau von Johann Schmuzer (1693), den sein Sohn Joseph 1725 erweiterte und dessen Werkstatt auch der Stuck zugeschrieben wird.

Das nahe ehemalige Schloss der Bayernherzöge aus dem 15. Jh. ist heute Landratsamt. Zwei Schlosstürme wurden 1704 gesprengt. Die Stadtmauer mit Wehrgang ist eine weitgehend erhaltene Ringmauer, deren älteste Teile aus dem 13. Jh. stammen (Gesamtlänge 1626 m). Von den ursprünglich 15 Türmen sind 5 erhalten, ebenso 2 der einstmals 3 Toranlagen.

Das Stadtmuseum stellt sich als einzigartige Symbiose aus Alt- und Neubau dar. Den Kern bildet die ehemalige St. Erasmuskirche mit ihrer mehr als 600jährigen Geschichte. Das Gebäude war nach der Säkularisation Salzstadel, Theater, Turnhalle und Lager und wurde ab 1986 zum Museum umgestaltet. Es besitzt Bodenfunde aus zwei Jahrtausenden, Exponate zur Stadtgeschichte, sakrale Objekte und eine numismatische Sammlung »Regionale Geldgeschichte von den Kelten bis zur Kreditkarte«.

Gegenrichtung

Beim Festplatz (Parkplatz) geradeaus auf dem Uferweg am Lech weiter und unter der Bahn- und Straßenbrücke hindurch, danach gleich links die Treppen hinauf zum Gasthaus und weiter zum Bahnübergang. Davor rechts in die »Perlachstraße«.

Wer durch die Altstadt geht, quert vom Uferweg hinüber zum großen Platz und nimmt rechts von der Feuerwehr den Fußweg aufwärts, dann rechts den Treppensteig zum sichtbaren Polizeidienerturm. Hindurch und gerade zum Ballenhaus mit den Staffelgiebeln, daran vorbei und gerade weiter zum Marienplatz. Vor dem Rathaus rechts in die »Weinstraße«, durchs Tor der Stadtmauer und abwärts, rechts halten, dann links abwärts zum **Bahnhof**. An der Hauptstraße rechts und über die Gleise, dahinter gleich links.

Zusammen folgen wir der »Perlachstraße« bis zum Trachtenheim am Waldrand. Gerade weiter durch den Wald und im Rechtsbogen zu einer Kreuzung, dort rechts und als nächstes links abbiegen in den Steig, der bergan zieht und zur Hangkante kommt. Nun stets Richtung »Hohenfurch« an dem steilen Abbruch entlang, unter der Hochspannungsleitung schöner Blick auf die Lechstaustufe 7 und zum Hohen Peißenberg. Hinter dem Schwalbenstein über Stufen abwärts und gerade zu einem Wegtreff. Nicht die Steigung hinauf, sondern rechts halten und geradeaus, dann rechts abbiegen, dem Linksbogen nach und wiederum dem linken Weg folgen. An der Kreuzung geradeaus, knapp hinter dem Waldrand entlang, rechts ins Freie und abwärts zur Flößerkapelle.

An dieser vorbei hinab nach **Hohenfurch**, unten links zum Biergarten des »Schönachhofs«. Vor dem Parkplatz das Sträßchen rechts abwärts, über die Schönachbrücke und rechts die Straße »Im Bachtal« bis zu deren Ende. An der Einmündung rechts auf der Straße weiter (nun stets Richtung »Kinsau«) zu einer hübschen Kapelle. Linksseitig daran vorbei und entlang einer großen Wiese leicht abwärts.

Bevor der Wald beginnt, links gerade durch die Freifläche und in den Wald. Dann durch einen kleinen Hohlweg und über einen Wurzelpfad an der Hochkante bergan und ins Freie. Auf einem Wiesenpfad zum prachtvollen Tiefblick auf den Lech und die Staustufen 8 und 8a, dahinter sind Apfeldorf und auf der Höhe die Kirche von Reichling zu sehen. Zu einer kleinen Hütte und geradeaus weiter, durch einen Hohlweg hinab zur Kapelle. Gerade auf der Leichleite weiter, die im Linksbogen zu den ersten Häusern von **Kinsau** führt.

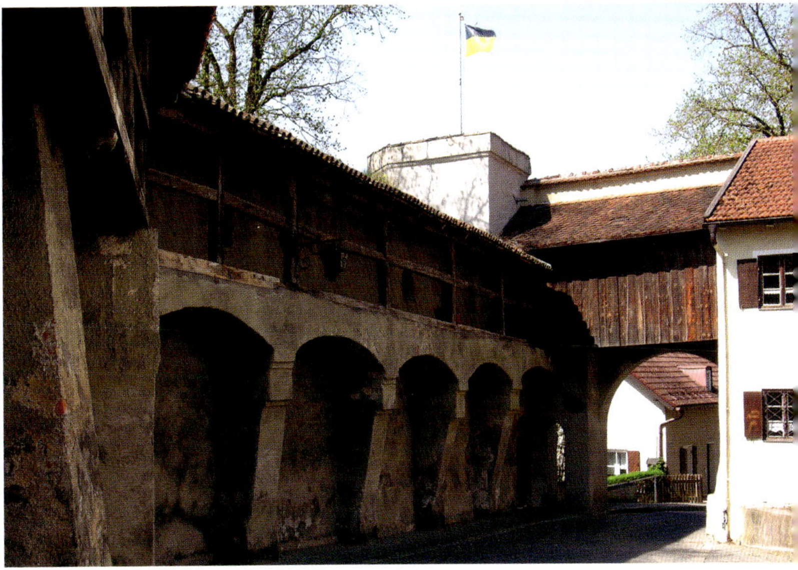

Schongau, mittelalterliche Stadtmauer mit Wehrgang

Rechts über den Treppensteig hinunter zur Straße, gegenüber auf dem Fußweg zum Maibaum und links weiter durchs Dorf. Geradeaus unterhalb der Kirche bleiben (bei Hochwasser links und rechts an der Kirche vorbei hinauf zur nächsten Lechterrasse, oben rechts, bis ein Rechtsabzweig wieder hinab führt zum Wanderweg, dort geradeaus). Am Rechtsbogen links abzweigen, beim letzten Haus (Sägemühle) rechts über die Brücke und links durch die Wiesen zum Lech.

Gerade weiter, über die kleine Bachbrücke, am schönen Altwasser entlang und bergan, gerade weiter nach **Forchau**. Links zwischen den Häusern hindurch und hinauf zur Querstraße, auf dieser rechts zum nächsten Straßentreff, nun rechts hinab nach **Epfach** und geradeaus bis zum Gasthaus »Sonne« und Museum Abodiacum.

3. Etappe

Von Schongau nach Lechbruck

Litzauer Schleife und bedeutender Flößerort

Start Schongau, am Festplatz.
Verkehrsanbindung Zug oder Bus nach Schongau, wie zum Schluss der 2. Etappe hinauf in die Altstadt. Bushaltestellen in Burggen und Lechbruck.
Streckenlänge Schongau (710 m) bis Lechbruck (736 m) etwa 5 ½ bis 6 ½ Std. (22 km).
Schongau – Abzweig Burggen 2 ½ Std. (10 km) – Staustufe 4 bei Dessau 1 ¼ Std. (5 km) – Abzweig Urspring 1 Std. (4 km) – Lechbruck, Brücke ¾ Std. (3 km).
Charakter Die Berge rücken immer näher. Hügeliges Gelände mit geringen Höhenunterschieden, schattige Waldstücke und längere Sonnenstrecken wechseln. Teils abwechslungsreiche Steige und Pfade. Schöner Blick in die Litzauer Schleife, Frühlingsblumen im Schwefelfilz (Foto: Sumpfgladiole).

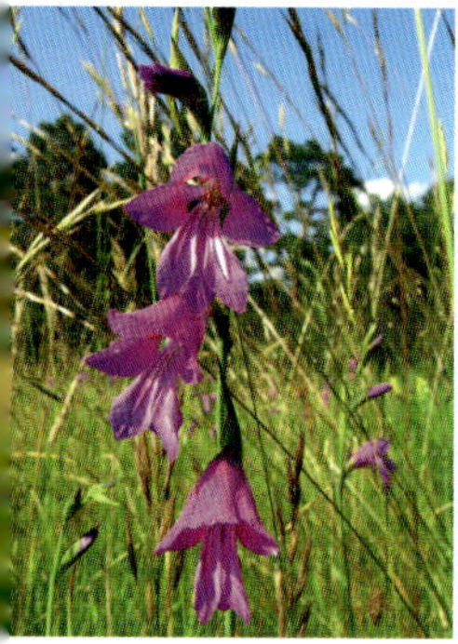

Einkehr Keine Einkehrmöglichkeit am Weg, sonst Gasthäuser in Lechbruck.
Abseits in Burggen Gasthaus »Fichtl« (ab 10 Uhr, Mo. und Di. Ruhetag), sowie in Urspring Gasthaus »Drei Mohren« (Mi. Ruhetag), siehe Varianten.
Öffnungszeiten Lechbruck, Flößermuseum: Anf. April – Ende Sept. Do. 17.30 – 19 Uhr, So. 16 – 18 Uhr. Sonst nur nach Anmeldung bei der Tourist-Information.
Baden Badestrand am Schongauer Lechsee bei Dornau, nach dem Kirchlein an der Straßenkurve links abwärts.
Badeplatz am Stausee beim Straßenabzweig nach Urspring
Information Gemeinde Burggen, Füssener Str. 14, 86977 Burggen, Tel. 08860/251, www.burggen.de
Tourist-Information Lechbruck am See, Flößerstr. 1, 86983 Lechbruck, Tel. 0 88 62/98 78 30, www.lechbruck.de

Wegverlauf

Beim Festplatz geht es kurz an der Straße, dann wieder auf dem Uferweg am Lech entlang, nun Richtung »Burggen«. Gegenüber liegen die Sportanlagen mit dem »Plantschbad«. Im Sommer verbirgt sich der Fluss meist hinter dichtem Grün. Auf der anderen Straßenseite taucht eine Kneipp-Anlage auf, dann laufen die Leitplanken an einer Straßengabelung aus.

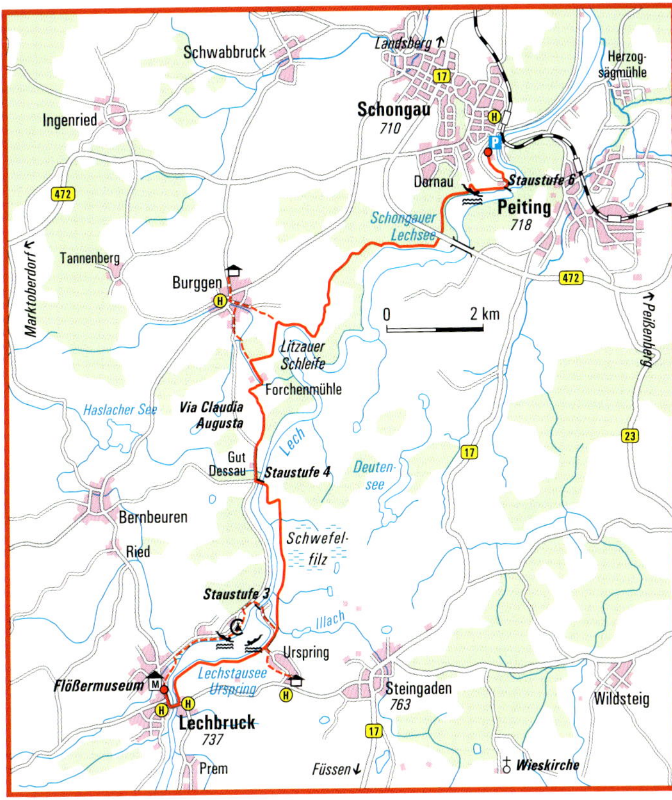

Wir müssen noch weiter und hinüber zum Kfz-Sperrschild, dort in den Fußweg und neben der oberen Straße hinauf zur Staustufe 6 (geflutet 1960). Hier kann man kurz auf den hohen Damm gehen und einen Blick über ein Teilstück des Schongauer Lechsees sowie in das tief unten liegende Flussbett werfen, in dem die Baumstämme der Papierfabrik nass gehalten werden.

Linksseitig und gemächlich ansteigend, folgen wir der Straße zum Kirchlein vor der Rechtskurve, an der man links einen Abstecher hinab zum Badestrand machen könnte. Wir sind im Bereich des Ortsteils **Dornau**, wenden uns gegenüber dem Pferdehof links, im spitzen Winkel bergan, und kommen an einem Haus vorbei. Anschließend spazieren wir auf dem Hochufer des Lechs entlang, das einen hübschen Rückblick auf Schongau, andererseits über den Schongauer Lechsee mit der großen Straßenbrücke sowie zu den Ammergauer und Tannheimer Bergen bietet.

An der leichten Kurve müssen wir geradeaus in den Forst und auf dem angenehmen Steig am Lechrain weiter, bis dieser bei einer Rastbank in eine Kreuzung mündet. Die Markierung zeigt links abwärts und leitet im Rechtsbogen auf die bereits gesichtete Unterführung der B 17/B 472 zu. Vorher könnte man nach links einen kurzen Abstecher auf die große Brücke machen. Wir folgen dem Waldrand und gelangen rechts haltend durch ein Forststück in die Heidewiesen der einstigen Schongauer Alm (Hütte privat), bei der man in früheren Zeiten, als hier noch Kühe weideten, frische Milch bekam.

Info *Die Heidewiesen auf den wasserdurchlässigen, kiesigen Böden der Lechterrassen waren einst Viehweiden. Gegen den Verbiss der Tiere konnten sich nur wenige Bäume durchsetzen, so entstand eine parkartige Landschaft mit prächtigen Solitärbäumen, unter denen die Haustiere in der ehemals offenen Landschaft Schutz vor Sonne und Regen sowie Früchte fanden.*

Als Naturdenkmal ist die 3,5 Hektar große Heidewiese seit 1954 geschützt. Seltene Blumen blühen hier, darunter Enziane, Mehlprimeln,

Katzenpfötchen, Frauenschuh, Knabenkraut, Waldhyazinthe und Sumpfstendelwurz. An den nahen Steilhängen treten Hangquellen aus. Bei den Hangquellenmooren, die unterhalb zu sehen sind, handelt es sich um extrem nasse und nährstoffarme Standorte, an denen sich Pflanzen und Tiere besondere Überlebensstrategien zugelegt haben.

Unser Weg führt im Rechtsbogen und an einer eingezäunten Wiese leicht aufwärts, dann müssen wir links abzweigen in den Wald. Wir folgen dem anfangs breiten Weg, dann geht es schmaler und in Sichtweite einer kleinen Hütte ansteigend zur Lechleite. Noch mal am Rand einer Weide entlang und wieder durch Wald, zieht der Steig schmal am Rand der Hochterrasse dahin. Ein freieres Waldstück ermöglicht es, kurz zur Hangkante zu gehen, an der sich ein schöner Blick über den weit gestauten Schongauer Lechsee und bis zum Hochgebirge auftut.

Das Naturschutzgebiet Litzauer Schleife blieb als Fließstrecke erhalten. Hier darf sich das Wasser noch seinen eigenen Weg suchen.

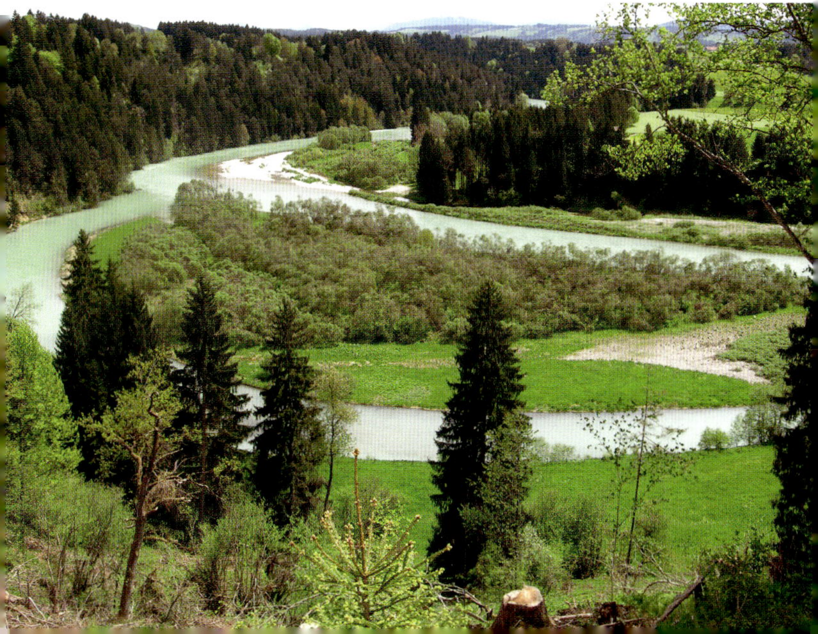

Wir kommen zu einer Bank mit Kruzifix und biegen rechts in den breiteren Weg ein, der auf eine Kreuzung trifft. Wir nehmen nach links den Fahrweg, auf dessen Trasse einst die Via Claudia verlief, und gelangen ins Freie. Länger geht es nun am Waldrand dahin, mit schönem Weitblick vom Estergebirge über die Ammergauer und Tannheimer Gipfel bis zum Auerberg, dessen Kirchlein auf dem höchsten Punkt immer wieder sichtbar wird.

An der Kurve eines Teersträßchens marschieren wir geradeaus weiter bis zu einem Flurkreuz, verlassen hier den Radelweg nach links und nehmen den nächsten Feldweg rechts. Auf dem Querweg erneut rechts und gleich wieder links, spazieren wir mit Blick zum Auerberg ein wenig abwärts, an den Stadeln und einem kleinen Teich vorbei. Auf Asphalt wenige Meter rechts und neuerlich links, führt der nächste Feldweg leicht ansteigend zum Wald, linker Hand liegt ein kleines Feuchtgebiet.

Wiederum laufen wir durch Wiesen und bei einer Hütte ein paar Meter durch ein kleines Gehölz. Gleich dahinter weist die Markierung rechts einen Pfad hinauf, und wir kommen links zur Hochkante an der **Litzauer Schleife**. Das Steiglein folgt dem Hang nach rechts zu einer Bank und bringt uns kurz und steil hinauf zu Rastplatz und Informationstafel über die Florenbrücke Litzauer Schleife. Wunderschön ist der Blick auf den tief unten fließenden Lech, dahinter erhebt sich der Auerberg mit dem Kirchlein auf dem Gipfel.

Info *In der Litzauer Schleife hat sich der Lech über Jahrtausende durch die würm- und risseiszeitlichen Ablagerungen bis in den tertiären Untergrund eingegraben. Dieses Gebiet ist neben dem kurzen Füssener Lech mit dem Lechfall die einzige unverbaute Fließstrecke am bayerischen Lech, ein großes Verdienst des privaten Naturschutzes, der in den 50er Jahren durch engagierten Einsatz den Bau einer hier vorgesehenen Staustufe verhindert hat. So vermittelt dieser Flussabschnitt noch einen Eindruck von der einstigen Vielfalt und Schönheit dieser Landschaft.*

Weil jedoch der Transport von Kies im Flussbett durch die Kette der Stauseen und die ebenso ausbleibenden Hochwasser unterbunden ist, verändert sich auch diese letzte Wildflussstrecke. Fast gänzlich weggefallen ist die Überschotterung und Umlagerung der Kiesbänke. Weiden und Grauerlenwälder haben die offenen Kiesflächen schon weitgehend überwachsen und verdrängen nach und nach die typischen Auenlebensgemeinschaften. Die für den Fluss charakteristischen Rohbodenstandorte sind verloren. Wie diese Wildflusslandschaft einst ausgesehen hat, lässt sich im Tiroler Lechtal auf der Strecke des Lechwegs zwischen Stanzach und Rieden am besten nachvollziehen.

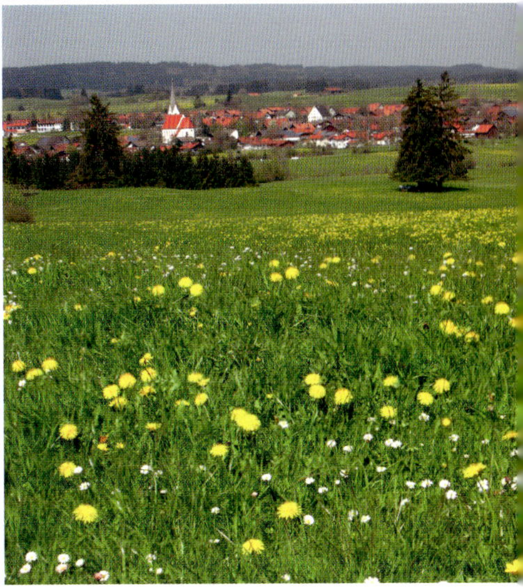

Burggen in den Frühlingswiesen

Auf der Höhe passieren wir ein Kruzifix und treffen auf einen Feldweg, dem wir links folgen zum nächsten freien Blick in den Lechbogen. An der Rechtskurve nehmen wir geradeaus den begrünten Steig an der Kante, genießen den hübschen Ausblick auf **Burggen** mit der hoch gelegenen Kirche von Tannenberg als Hintergrund. Bei der Scheune noch gerade weiter, erwartet uns wieder ein besserer Feldweg und bei der nächsten Informationstafel der wundervolle Blick auf die gesamte Schleife, am Horizont komplettiert die Alpenkette das großartige Bild. Nun verlassen wir die Kante und kommen zwischen Stall und Stadel zur Kreuzung an einem Wegedreieck mit Rastbank (nach Burggen Variante 1).

Links leitet die Markierung den Feldweg etwas aufwärts, er gewährt erneut schöne Sicht auf Burggen und Tannenberg, andererseits bekommen wir noch mal einen kurzen Blick auf den Lech. An der Gabelung müssen wir rechts am Stadel vorbei, durch die Wiesenbuckel und gerade in den Wald hinunter, an der Kreuzung links weiter abwärts und entweder beim kleinen Wegedreieck gleich links oder noch auf dem Hauptweg zum Asphaltsträßchen (das von Burggen kommt), nun links.

Durchs romantische Bachtal erreichen wir die **Forchenmühle**. Danach warten freie Matten, in denen wir kurz vor der Höhe rechts abbiegen. Der breite Weg windet sich durch die gefällige Wald-Wiesen-Landschaft und kommt zu einer Waldecke, hier müssen wir links. Am nächsten Waldrand zusammen mit der Beschilderung der Heiligen Landschaft Pfaffenwinkel, die uns schon eine Weile begleitet, geradeaus und kurz bergan. Es wartet wiederum ein freier Blick über Wald und Wiesen, rechts ist der Auerberg schon nah und das Kirchlein auf dem höchsten Punkt gut zu erkennen.

Wir folgen dem breiten Weg in den Wald, dort der Rechtskurve, dann leiten die Markierungen rechts auf einem Trampelpfad zwischen den Bäumen zu einem Kruzifix an der Hochkante. Rechts müssen wir auf einem Wurzelpfad an dieser entlang und steiler abwärts, bis wir auf ein Sträßchen treffen. Links weiter bergab, bevölkert einiges »Bio-Federvieh« den hübschen Wiesenboden, kurz darauf tauchen die Gebäude von **Gut Dessau** auf, um die wir links herum gehen.

Ein Bach eilt zum nahen Lech, wir erreichen geradeaus die Staustufe 4 (geflutet 1967) und gehen dort den rechten Weg hinauf zu einem Rastplatz oder gleich links über den Damm. Schön ist der Blick über den See mit den vielen Schwänen, dahinter steht der Hohe Trauchberg. Flussabwärts schauen wir in die ebenfalls schon reichlich zugewachsene Hirschauer Steinhalde, die von der hohen Leite der Litzauer Schleife begrenzt wird.

Drüben marschieren wir den ungeteerten Weg am Ufer weiter und haben die Ammergauer Berge von der Hochplatte bis zum Säuling vor uns. Im Linksbogen hinauf in die Wiesen, wartet ein asphaltierter Querweg, auf diesem rechts Richtung »Urspring«. Nun wird das Auge mit prachtvollen Ausblicken auf die Alpenkette verwöhnt. Durch eine kleine, vom moorbraunen Bächlein durchflossene Senke zur Höhe, beginnen linker Hand die Streuwiesen des Schwefelfilzes mit ihrem im Frühling üppigen Blütenflor, dann sehen wir auch schon den nächsten Lechsee blinken, rückwärts schauen wir auf den tiefer eingeschnittenen Fluss.

Der Weg senkt sich, läuft jetzt flach durch die mit Baumgruppen bestandenen Viehweiden und verbreitert sich bei einem Hof zur Straße. Wir queren einen Bach, spazieren beim Abzweig geradeaus, über die Illach und zum Damm der Staustufe 3 (geflutet 1966), die den Lechstausee Urspring, den man auch Oberer Lechsee nennt, hervorbrachte (Tipp).

Wir folgen geradeaus der Straße, genießen an der Linkskurve den Blick über das Wasser bis Lechbruck und gehen noch gerade weiter, vor dem Badeplatz links aufwärts zu einem Schilderpfahl (Variante 2). Nun rechts Richtung »Lechbruck« am Rand von Viehkoppeln entlang, dann rechts etwas abwärts ins Gehölz, und wir

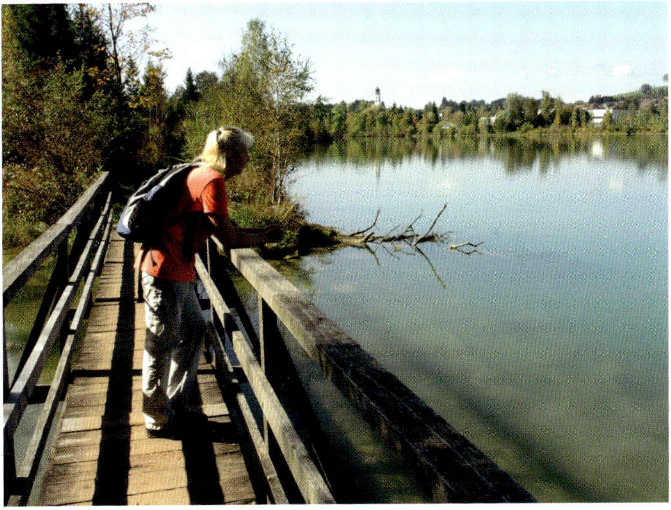

In der Auenlandschaft bei Lechbruck

gelangen wieder ans Wasser. Anschließend geht es etwas erhöht am Ufer dahin, schließlich über eine Holzbrücke. Sie überspannt ein stilles Seitenwasser, das sich weit ins Auengebiet hineinzieht. Wir passieren diese ursprüngliche Vegetationszone mit Wacholder, Kiefern, Erlen und Birken, die Kirche von **Lechbruck** rückt immer näher. Der Lech hat wieder Fließgeschwindigkeit, und ein Rauschen kündet das hübsche Naturwehr an. Am oberen Ende der Felsstufe führt ein Steiglein zum Wasser, dort gibt es eine Kugelmühle zu sehen, eine durch einen rotierenden Stein geschaffene kreisrunde Vertiefung im Felsen.

Kurz darauf sind wir bei der Lechbrücke angelangt (gerade über die Straße geht der Weg direkt weiter), von der sich flussabwärts ein Blick zu den Stromschnellen und auf den Ort Lechbruck, in der Gegenrichtung in eine noch recht ursprüngliche Flusslandschaft und zu den Bergen auftut. Am Flößerdenkmal vorbei, gelangen wir rechts ins Zentrum.

Info *Schon die Römer sollen 15 v. Chr. bei Lechbruck die erste Brücke über den wilden »Licus« gebaut haben. Immerhin führte die Via Claudia in diesem Gebiet durch die Lechwiesen. Verschiedentlich ist die Trasse, vor allem westseitig des Lechs, noch erkennbar, nordwestlich des Lechsees Urspring wird auf das Geländedenkmal hingewiesen. Noch vor den Römern siedelten hier die Illyrer und Kelten, nach den Römern kamen die Alemannen, 1398 fiel zum ersten Mal das Wort »Lechprug«.*

Die Flößerei bestimmte Jahrhunderte lang das Wohl und Wehe des Ortes (siehe Einführung). In Füssen und Schongau bildeten die Flößer eigene Zünfte, die das exklusive Recht, aber auch die Pflicht besaßen, Fernhandelsgüter zu transportieren. In die straff organisierten Berufsgenossenschaften wurde nur aufgenommen, wer genügend Vermögen besaß, um Ersatzansprüche der Kunden befriedigen zu können, und wer das Flößereihandwerk erlernt hatte. Beim übrigen Frachtgut wie Holz, Baustoffe und Produkte der heimischen Landwirte und Handwerker, standen die Zunftflößer im Wettbewerb mit zahlreichen Dorfflößern, darunter auch den selbstbewussten Lechbruckern. Mit dem Bau der Eisenbahn von

Marktoberdorf nach Lechbruck (heute eine beliebte Radeltrasse), kam das Aus für die Lechflößerei; 1914 driftete das letzte Floß nach Augsburg. Der Stolz des Flößerdorfes auf die große Tradition wird im Flößermuseum dokumentiert. Es entstand im Zentrum im ältesten Lechbrucker Haus, dem »Krummschneider-Dodl-Haus« (von 1645), und informiert neben der Geschichte und Bedeutung der Flößerei auch über das Leben im Flößerdorf. Zu sehen ist ferner ein originalgetreues Modell eines Lechfloßes. Ein Raum ist der Steinbrucharbeit in den fünf Steinbrüchen und der Steinhauerei in Lechbruck gewidmet. Der Sandstein wurde unter anderem am Südportal des Augsburger Doms und in der Steinernen Brücke von Regensburg verbaut. Ein neues Floß, das zu Vergnügungsfahrten startet, liegt übrigens im Norden von Lechbruck beim Bootsverleih vor Anker. Über die Tourist-Information kann man verschiedene Tourenangebote buchen.

Die Pfarrkirche Mariä Heimsuchung wurde 1616 erbaut und erhielt 1724 eine barocke Form. Nach einem Blitzschlag 1785 erfolgte der Wiederaufbau (1786–90) in spätbarockem Stil.

Variante 1

Zur Übernachtung oder Einkehr in **Burggen** geht es geradeaus in den Ort, wo sich beim Sportplatz das »Landhaus Klöck« findet. Wer hier übernachtet, kehrt auf gleichem Weg zurück zum Wanderweg.

Zum »Fichtl« geradeaus weiter, dann hält man sich rechts und folgt dem Linksbogen zur Hauptstraße (Bushaltestelle). Nun rechts und stets der Hauptstraße (»Schongauer Straße«) folgen, gerade vorbei am kleinen Kirchlein zum nördlichen Ortsausgang, dort liegt rechter Hand das Gasthaus »Fichtl« (ca. ½ Std., 2 km).

Auf gleichem Weg zurück zur Straßenkurve, an der wir zuvor auf die Hauptstraße trafen. Hier jetzt praktischerweise geradeaus bis zur großen Kirche, danach den linken Weg und gerade zum Dorf hinaus. Ab der Bachbrücke das für Kfz gesperrte Sträßchen weiter und am Abzweig sowie der wenig später einmündenden Hauptroute (Seite 56) jeweils geradeaus zur Forchenmühle (ca. ½ Std., 2 km).

Variante 2

Zur Einkehr oder Übernachtung in **Urspring** folgt man oberhalb vom Badeplatz den Wanderschildern gerade aufwärts, dann links in den Ort, geht auf der Querstraße rechts aufwärts, an der Kirche vorbei und gerade weiter zum Gasthaus »Drei Mohren« (hin und zurück ca. ½ Std., 2 km).

Ab dem Premer Lechsee gibt es noch eine fast natürliche Fließstrecke, die bei Lechbruck hübsche Stromschnellen bildet.

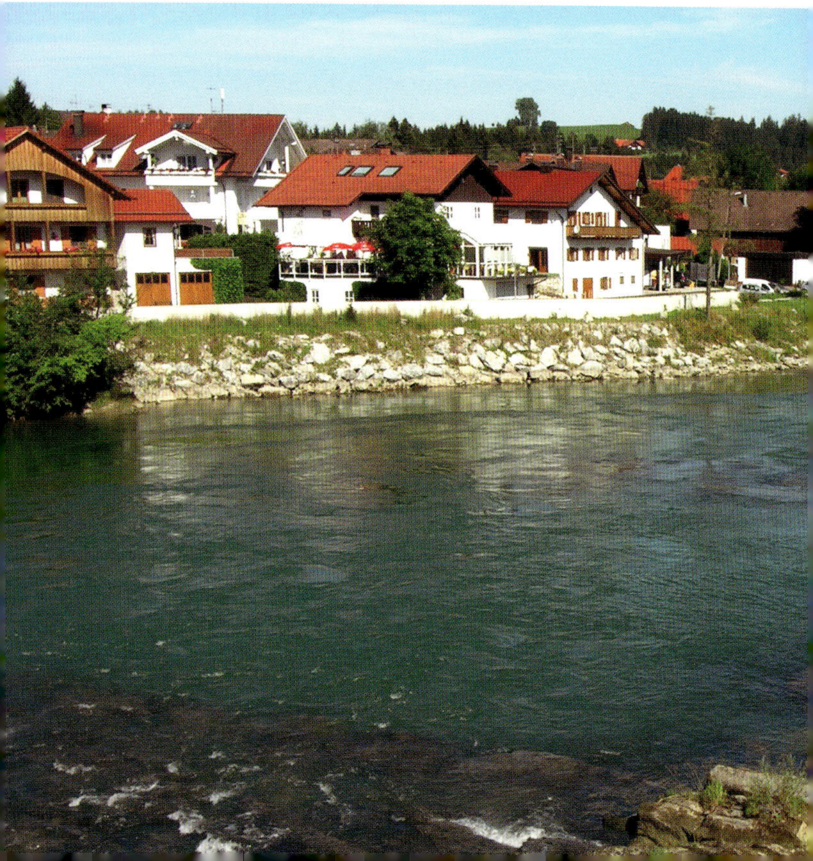

Tipp

Wer unter Zeit- oder Wetterdruck steht, kann auch rechts über den Damm, anschließend geradeaus (»Seerundweg«) durch den Campingplatz, ein Stück entlang der Straße und wenig später links auf dem Uferweg ebenfalls nach Lechbruck gehen. Je nachdem wo Ihr Nachtquartier liegt, kann dieser Weg auch kürzer sein. Schattiger und schöner ist jedoch der Originalweg durch die Lechauen.

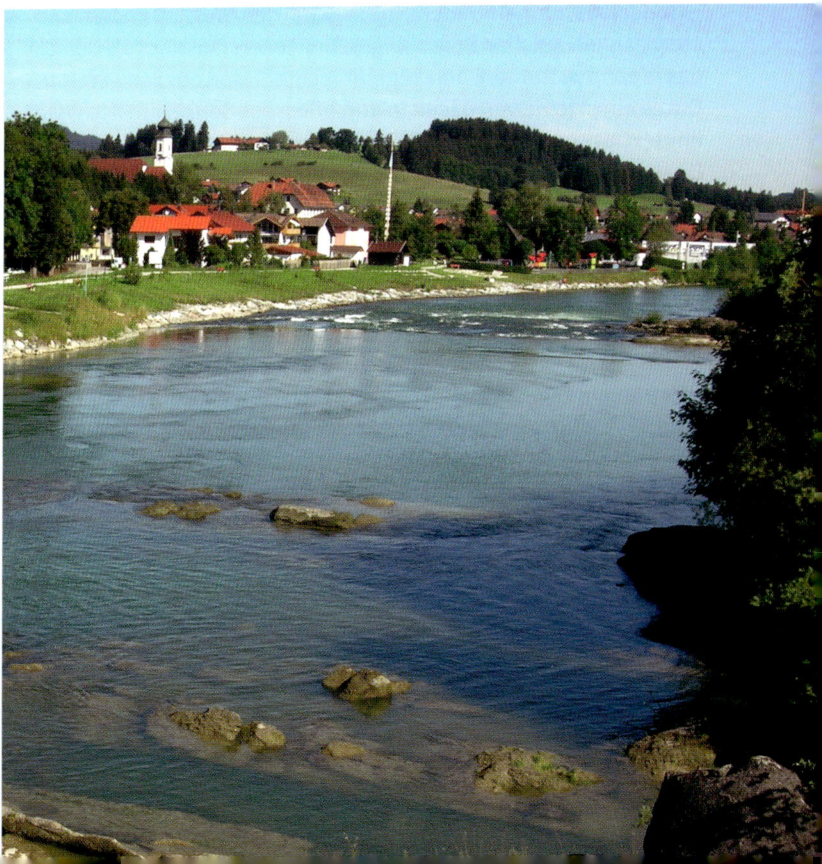

4. Etappe

Von Lechbruck nach Roßhaupten

Badeweiher, Forggensee-Infozentrum und der See

Start Lechbruck, an der Lechbrücke.
Verkehrsanbindung Bus nach Lechbruck, Haltestelle im Zentrum, weitere Bushaltestellen in Prem, Sameister und Roßhaupten.
Streckenlänge Lechbruck (736 m) bis Roßhaupten (815 m) zur Tiefentalbrücke 3 ½ bis 4 Std. (14 km); übers Forggensee-Infozentrum + ½ Std. (2 km). Lechbruck – Premer Lechsee ¾ Std. (3 km) – Schmutterweiher 1 ¼ Std. (5 km, nach Sameister ¼ Std., 1 km) – Tiefenbruck ¾ Std. (3 km) – Mangmühle ½ Std. (2 km) bis Tiefentalbrücke ¼ Std. (1 km, nach Roßhaupten ¼ Std., (1 km).
Charakter Überwiegend Naturwege und Steige, besonders schön am Lech vor Prem und am Forggensee. Eine etwas längere Steigung von Helmenstein nach Rehle, sonst leichtes Auf und Ab mit teilweise wunderschöner Bergsicht. Interessanter Abstecher zum Forggenseekraftwerk mit dem Info-Zentrum.
Einkehr Landgasthof »Lechaue« kurz vor der Premer Staustufe (Mo. Ruhetag), abseits in Sameister Gasthof »Adler« (Di. Ruhetag); evtl. Kiosk am Schmutterweiher.
Öffnungszeiten Forggensee-Infozentrum täglich 8 – 20 Uhr, Kraftwerkbesichtigung (Führung) jeden Mittwoch 14 Uhr, Anmeldung bei Tourist Information Roßhaupten.
Dorfmuseum Roßhaupten Juni bis Sept. Fr. 17.30 – 19 Uhr, Juli und Aug. auch So. 15 – 18 Uhr, Infozentrum zur Via Claudia im Museum täglich 10 – 17 Uhr zugänglich.
Baden Im Schmuttersee, Naturbadeplatz Roßhaupten am Forggensee.
Information Tourist Information Prem am Lech, Schulweg 6, 86984 Prem, Tel. 0 88 62/72 56, www.prem-am-lech.de
Tourist Information Roßhaupten, Hauptstr. 10, 87672 Roßhaupten, Tel. 0 83 67/3 64, www.rosshaupten.de

Wegverlauf

Wir starten auf der Ostseite der Lechbrücke und gehen die Stufen hinab zum Fluss. Der Steig quert einen moorbraunen Zulauf, der aus dem Premer Filz kommt, anschließend führt er durch den schattigen Auwald. Bald begleitet uns rechter Hand eine Feuchtniederung, und wir kommen wieder ans Wasser.
Es folgt eine Gabelung, hier gehen wir rechts über die kleine Holzbrücke. Zwischen dem Fluss und den Forellenteichen hinter der Sägemühle (Schwerbelmühle) entlang, passieren wir beim Stau

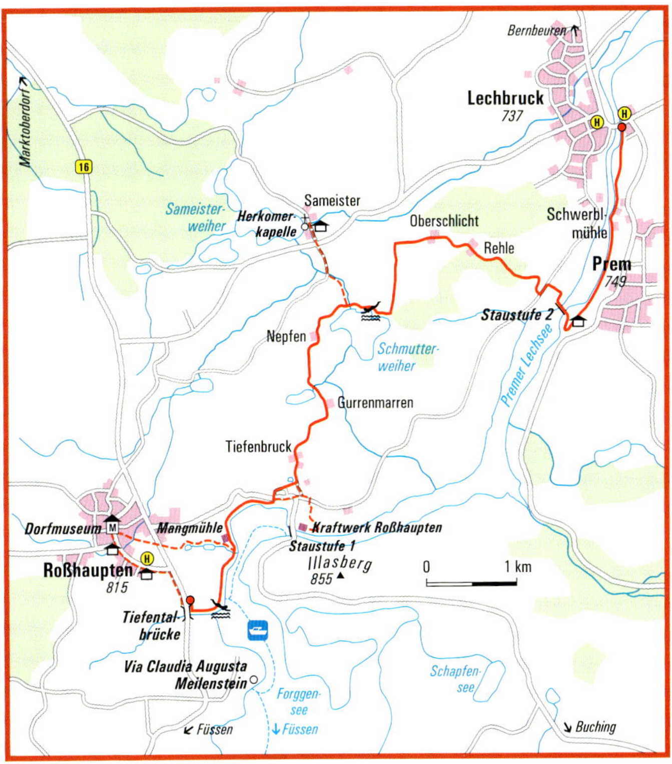

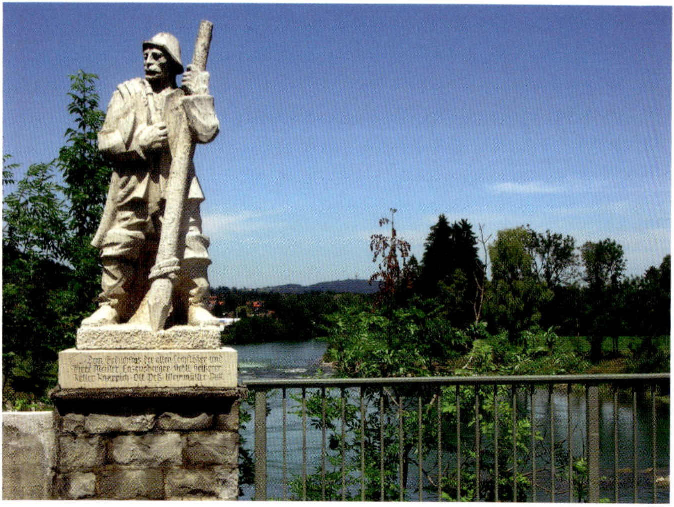

Flößerdenkmal in Lechbruck: Erinnerung an das gefährliche Gewerbe

neuerlich eine Brücke, dann einen reizvollen Holzsteg direkt am Wasser und hinter dem Holzlagerplatz weitere Brücklein und Stege.

Anschließend folgen wir dem schönen Wanderweg am Lech und schauen zu den Tannheimer Bergen. Im Heidegebiet mit Wacholderbüschen und Kiefern weiden manchmal Pferde. Der hohe Staudamm bei **Prem** (Staustufe 2, geflutet 1971) taucht auf, wir gehen am »Landgasthaus Lechaue« vorbei (zur Übernachtung vor den Sportanlagen links hinein nach Prem, ca. ¼ Std., 1 km) und rechts hinauf auf den Damm.

Info *Prem war bis zur Wende vom 19. zum 20. Jh. ebenfalls ein Flößerdorf. Am 8./9. Juni 1914 wurde die letzte Floßfahrt nach Augsburg durchgeführt. Floßmeister war der Premer Franz Petz, und König Ludwig III. bestaunte samt Gefolge die rasante Durchfahrt durch die Floßgasse am Hochablass, dem hohen Lechwehr in Augsburg.*

Wir wechseln über den Fluss und somit auch vom oberbayerischen Pfaffenwinkel ins bayerisch-schwäbische Ostallgäu. Auf der anderen Seite verlassen wir den Damm nach rechts, folgen unten der asphaltierten Zufahrt bis zur Querstraße und dieser links ins nahe **Helmenstein**. Gleich am Ortsbeginn nehmen wir rechts das Sträßchen Richtung »Schmutterweiher, Rehle« Es schlängelt sich zwischen Häusern hindurch, anschließend kräftig steigend den Wiesenhang empor. Schaut man kurz nach den Häusern zurück, entdeckt man die Doppeltürme der Steingadener Klosterkirche. Ein Stück weit wird der Weg von Linden beschattet und erreicht den Hof Rehle, der mit 812 m das höchste Haus von Lechbruck ist.

Gerade den Weg am Zaun weiter, vorbei an einer Rastbank mit schönem Bergblick, kommen wir zu einer Schranke und Schildern. Wir halten uns immer an die Richtung »Schmutterweiher« und laufen gerade über einen kurzen Wiesenpfad hinab zum Weidedurchlass am Waldrand. Zwischen den Bäumen leitet ein Steig

Zählt zu den seltenen Orchideen: die Bienenragwurz

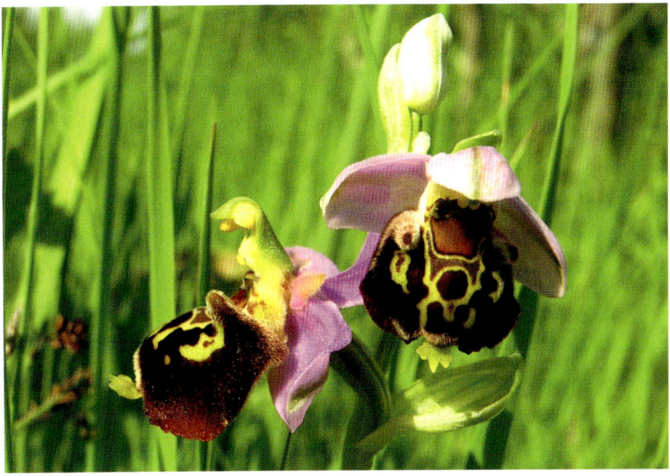

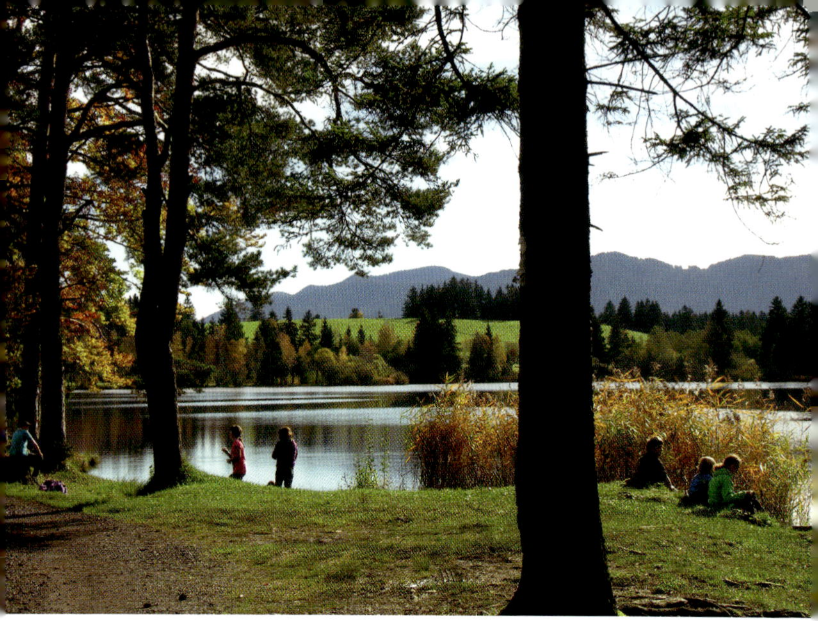

Der Schmutterweiher lädt im Sommer zum Baden ein.

abwärts, wendet sich unten links, quert ein kleines Schilfstück und ein moorbraunes Bächlein. Drüben müssen wir durch den Wald bergan zu einem breiteren Querweg, auf diesem links und kurz darauf am Waldrand zum Hof Oberschlicht. Links gehen wir daran vorbei und auf der asphaltierten Hofzufahrt weiter.

Voraus sehen wir bereits ein Stück vom Schmuttersee, rechts taucht der Auerberg auf, etwas später auch das Dach der Herkomer-Kapelle in Sameister. Nach einem kleinen Fichtenbestand im Rechtsbogen abwärts, nun aufpassen: Beim nächsten Schilderpfosten zweigt scharf links ein schmaler Steig ab, der zwischen den Viehweiden leicht ansteigt, am Waldrand entlang und in den Wald führt. Nach einer Wildfütterung wird der Weg etwas breiter und kommt ins Freie zu einem Querweg mit Bank. Auf diesem rechts, sind wir kurz darauf am **Schmutterweiher** und gehen gerade am Nordufer und den Badeplätzen entlang. Hier gibt es einen Kiosk, der eventuell geöffnet ist. Im Wäldchen erreichen wir den Rechtsabzweig nach **Sameister** (Tipp).

Wir gehen gerade weiter, treffen am See-Ende auf ein Quersträßchen und folgen diesem leicht ansteigend nach Nepfen, einem Hof mit vielen Pferden. Am kurz darauf folgenden Abzweig bleiben wir geradeaus Richtung »Tiefenbruck«. Der Feldweg senkt sich ein wenig, hält direkt auf den Säuling zu, rechts entdecken wir einen weiteren verträumten Weiher, und auf dem nächsten Hügel steht der Hof Gurrenmarren. Weiterhin marschieren wir auf das wunderschöne Alpenpanorama zu und über die nächste kleine Anhöhe nach **Tiefenbruck**. Dort halten wir uns rechts, dann links an die Schilder »Forggensee-Uferweg, Roßhaupten«. Das Sträßchen kommt zur Waldecke mit der Möglichkeit, ab hier das **Forggenseekraftwerk** einzubinden (Variante).

Unser Wanderweg leitet rechts am kleinen Weiher vorbei und hinauf zur Straße. Wir queren hinüber, sehen links den Schilderpfosten (Variante vom Kraftwerk kommt hinzu), bei dem wir rechts in den Wiesenpfad Richtung »Forggensee-Uferweg, Mangmühle, Roßhaupten« einbiegen. In leichtem Auf und Ab führt jetzt ein Steig ständig oberhalb der einstigen Illasbergschlucht, die dem Stausee zum Opfer fiel, entlang.

Später müssen wir rechts an einem Einschnitt hinaus zu einem Sträßchen, das uns links zur sichtbaren Mangmühle bringt. Ziegen, Schafe, Esel und viele Gänse bevölkern das Areal. Wir gehen durchs Gattertor zum Fischteich, den auch die Gänse mögen (rechts kann man bereits hier in etwa 20 Minuten ins Zentrum von Roßhaupten gelangen).

Am Teich gerade vorbei und an der Linkskurve gerade durchs nächste Gattertor, passieren wir ein Waldstück, treffen auf einen Fahrweg und geradeaus auf die Schiffsanlegestelle Roßhaupten, von der aus man auch mit einem der Ausflugsschiffe nach Füssen fahren könnte. Bei der Informationstafel über die Illasbergschlucht laufen wir gerade weiter zu Bootsstegen, dort rechts die Treppe hinauf und oben gleich links in den Waldpfad, der hinaus zu einem Fahrweg leitet.

Links »Tiefental, Roßhaupten«, sind wir kurz darauf am Naturbadeplatz Roßhaupten, bei dem man bis in den März auf der früheren Via Claudia und über die alte Tiefentalbrücke durch die Bucht zum anderen Ufer spazieren könnte, da der Seegrund um diese Zeit noch weitgehend trocken liegt. Doch später versinken beide wieder im Wasser, und so folgen wir erneut dem reizvollen Steig am Ufer, dann ansteigend dem bewaldeten Einschnitt des Tiefentals (rechts bleiben) und gehen rechts die Stufen hinauf zur Tiefentalbrücke, über die es links mit der letzten Etappe weiter geht.

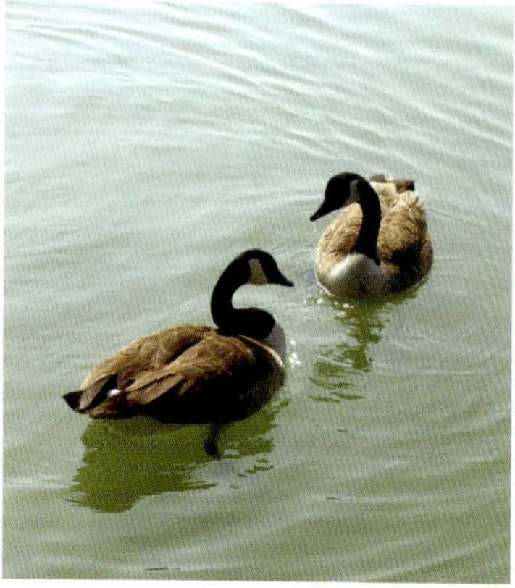

Kanadagänse auf dem Lech

Zur Übernachtung in **Roßhaupten** leitet die Beschilderung oben geradeaus, als nächstes links unter der Straße durch und am Hotel »Kaufmann« vorbei ins Zentrum. Am nächsten Tag auf gleichem Weg zurück zur Brücke.

Info *Roßhaupten wurde erstmals im Jahr 1206 als »Roshoubet« (= Haupt des Pferdes) in einer Urkunde genannt, doch reicht die Geschichte viel weiter zurück. Die ältesten gesicherten Funde sind ein römischer oder vielleicht auch rätischer Brandopferplatz sowie die Reste der Via Claudia Augusta im heutigen Forggensee. Zu Anfang des Jahres, wenn der See weitgehend abgelassen ist, kann man stellenweise die Trasse der damals bedeutenden Handelsstraße entdecken, die von Italien über die Alpen zur einstigen Provinzmetropole Augusta Vindelicum, in das heutige Augsburg führte, das 15 vor Christi als römisches Legionärslager gegründet wurde. In unmittelbarer Nähe der Via Claudia gab es nahe der Mangmühle eine Zwingburg, die wahrscheinlich als Pferdewechselstation genutzt wurde.*

In der Legende des Heiligen Magnus (siehe Füssen) ist vermerkt, dass dieser um das Jahr 750 in der Tiefentalschlucht einen Drachen getötet haben soll. Der steinerne Drache an der Brücke erinnert an diese Sage. Außerdem gab es in der Schlucht wahrscheinlich einen alten Kultplatz, an dem Tiere – darunter auch Pferde – geopfert wurden, worauf die Namensdeutung von Roshoubet hinweist.

Im frühen Mittelalter fand in Roßhaupten eine umfangreiche Eisenproduktion statt. Damals holten die Alemannen das Erz aus den Ammergauer Alpen und brachten es mit der Holzkohle aus den Wäldern um Roßhaupten in so genannten »Rennöfen« zum Schmelzen. Im Dorfmuseum ist ein solcher Ofen als Rekonstruktion zu sehen. Eine neuere These verbindet den Ortsnamen »Roß« mit »rösten« und »Haupt« mit »Hube«, einer alten Bezeichnung für eine bewirtschaftete Fläche.

Das Dorfmuseum findet sich im Pfannerhaus, Hauptstraße 1. Es befasst sich mit der Dorfgeschichte und den drei Roßhauptener Künstlern Caspar Tiefenbrugger (Lautenbauer), Roman Anton Boos (Bildhauer) und Johann Jakob Herkomer (siehe unter Sameister), dessen Grabkapelle als Modell gezeigt wird. Einmalig im gesamten süddeutschen Raum ist die Ausstellung zur Kunstblumenfertigung durch heimatvertriebene Sudetendeutsche nach dem Zweiten Weltkrieg. Zudem findet sich im Pfannerhaus ein Informationszentrum zur Via Claudia Augusta, das von den Besuchern mittels eines Türöffnerknopfs unabhängig vom Museum betreten werden kann.

Die Pfarrkirche St. Andreas hatte einen gotischen Vorläuferbau, der 1618 durch Brand zerstört wurde, mit dem Neubau begann man erst 1630. Die Ausstattung stammt aus der Barockzeit. Johann Heel aus Pfronten malte 1727 die Fresken im Chor, im Kirchenschiff und über der Empore.

Tipp

Nach **Sameister** geht man rechts durch den Wald und Parkplatz, kreuzt die Radeltrasse und nimmt anschließend den rechten Weg über den Buckel (Vorsicht Autos!). Noch über die Hauptstraße, sind auch schon Kapelle und Gasthaus erreicht. Auf gleichem Weg zurück zum See.

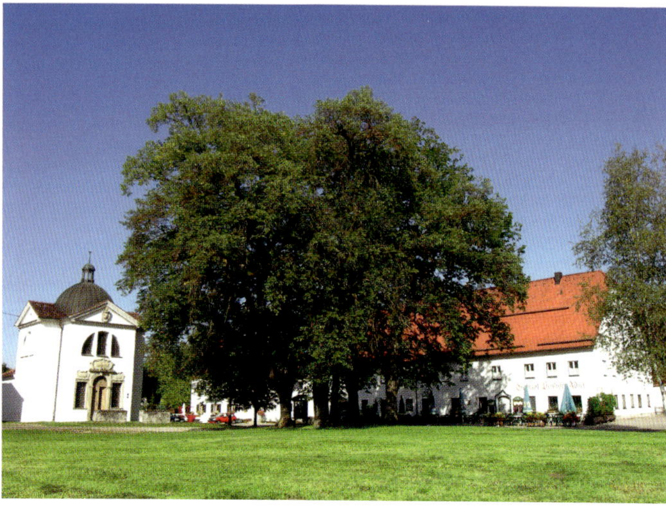

Herkomerkapelle in Sameister

Info *Den Abstecher nach Sameister sollte man sich nicht nur wegen des Landgasthofs »Adler«, sondern auch wegen der Herkomer-Kapelle mit ihren schönen Fresken in Chor und Rotunde gönnen. Der berühmte Baumeister und Künstler hat das kleine, dem Andenken der Heiligen Grabkapelle gewidmete Kirchlein erbaut, das als Familiengrabstätte dienen sollte und in dem er noch vor dessen Vollendung seine letzte Ruhe fand (sollte es verschlossen sein, am besten im Gasthaus nach dem Schlüssel fragen). Der Gasthof nebenan ist sein Geburtshaus. Dort, am Weg nach Tirol und Italien, betrieben seine Eltern seinerzeit eine Poststation mit Taferne. Jedoch schon viel früher zogen hier die Händler mit ihren Packpferden auf beschwerlichen Saumpfaden vorbei, denn bereits 1287 wurde der kleine Ort erstmals als »Saummeister« genannt.*

Johann Jakob Herkomer (1652–1717) nimmt als einer der ersten, maßgeblichen deutschen Barockbaumeister einen herausragenden Platz in der Kunstgeschichte ein. Er lebte und arbeitete als Baumeister, Maler, Bildhauer und Stuckateur in Füssen, wo er - neben zahlreichen Werken im südbayerischen Raum - beispielsweise Kirche und Kloster St. Mang von 1701–17 barock umgestaltete. Auch die Pläne der wunderschönen Barockkirche in Seeg stammen von ihm. Er bildete zudem andere bekannte und berühmte Barockbaumeister aus, darunter seinen Neffen Johann Georg Fischer, der fast alle Bauprojekte Herkomers leitete und nach dessen Tod auch mit eigenen Werken bekannt wurde. Wahrscheinlich war auch Dominikus Zimmermann, der Schöpfer der Wieskirche, sein Schüler.

Variante

Zum **Forggenseekraftwerk** (Kraftwerk Roßhaupten) und Infozentrum geht es an der Waldecke bei Tiefenbruck geradeaus die Straße weiter, auf der Querstraße links, den nächsten Feldweg rechts ab zu einem Kraftwerkteil und rechts am Zaun drum herum. Am Ende rechts den Steig durch den Waldhang hinab zur Straße und zum Parkplatz, rechts zum Info-Zentrum.

Auf gleichem Weg zurück und ums obere Kraftwerk wieder zur Straße, diese links und an der Einmündung von Tiefenbruck gerade weiter zum nächsten Straßentreff. Hinüber queren und auf dem Rad-/Fußweg bergan bis zum Schilderpfahl, dort links mit der Hauptroute (Seite 69) weiter.

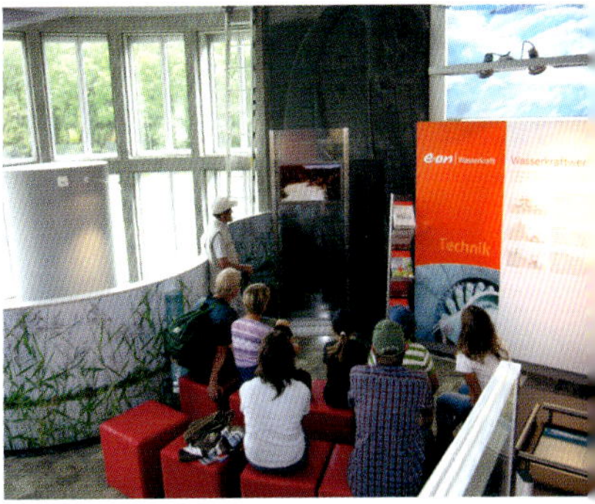

Info *Forggensee-Infozentrum. Unterhalb des Forggensee-Staudamms liegt das große Kraftwerk, in dem ein Informationszentrum (Foto) über alles, was mit dem Wasser, dem Lech und der Gewinnung von Strom zusammenhängt, Aufschluss gibt, z. B. über den Kreislauf und die Kraft des Wassers, die verschiedenen Staustufen am Lech sowie dessen Lauf vom Ursprung im Lechquellengebirge bis zur Mündung in die Donau. Ein Modell zeigt den Forggensee von Füssen bis zur Staustufe 1 bei Roßhaupten (geflutet 1954). Infos zum See siehe Einführung.*

Eindrucksvoll sind die Hochwasserbilder des einst weitläufig mäandernden wilden Flusses, ebenso der präparierte, 24 kg schwere und 1,35 m lange Huchen, der 1958 noch im Lech gefangen wurde. Es werden Flora und Fauna erklärt, am Rande auch Kultur, Brauchtum und Geschichte gestreift. Ein zweiteiliger Film informiert über den 1950 begonnen Bau des Staudamms und das vorherige Aussehen der Landschaft, der zweite über die Errichtung des Triebwasserstollens und des Kraftwerks, das etwa 50 000 bis 60 000 Haushalte mit Strom versorgt. Im Rahmen einer Führung darf man auch einen Blick ins Turbinenhaus werfen, allerdings sind die Turbinen selbst von einem großen Kühlmantel umgeben.

Hinter dem Gebäude sind die Riesenrohre der Triebwasserzuführung sehenswert, die das Wasser mit einen Einlaufdurchmesser von 4,50 m zu den Turbinen leiten. Die Rohre bestehen aus 20–30 mm starkem Stahlblech und reichen 28 m in den Triebwasserstollen, der mit einer Länge von 360 m und einem Durchmesser von 8,35 m zu den größten Druckstollen seiner Zeit zählte. Am Fluss findet sich noch das Tosbecken, in dem die Gewalt des Wassers gebrochen wird, bevor es in den Lech strömt.

Premer Lechsee

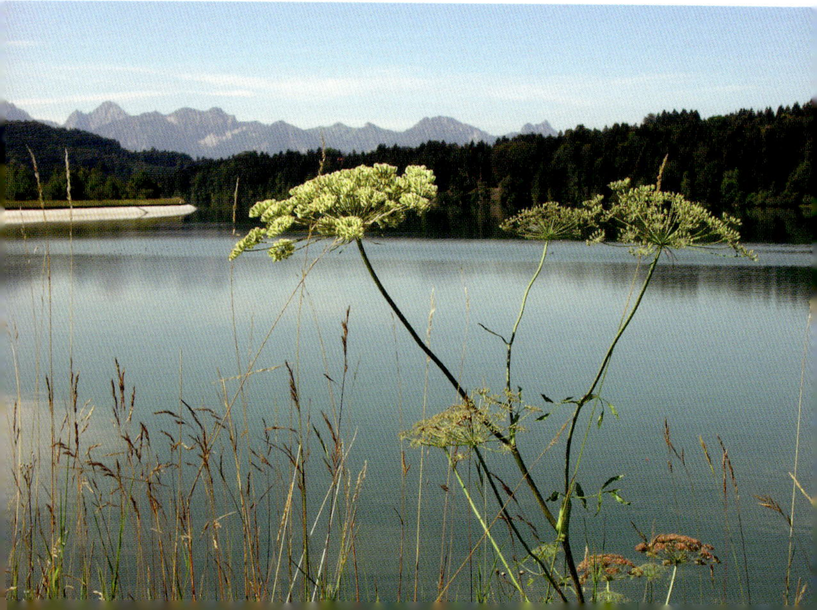

Gegenrichtung

Man kommt über die Tiefentalbrücke und geht rechts (von **Roßhaupten** her vor der Brücke links) die Treppen hinab und links (»Forggensee-Uferweg«) den Steig durch den Wald weiter bergab zum Badeplatz. Links den Fahrweg aufwärts, dann rechts ab in den Waldsteig, rechts die Stufen hinab zu den Bootsstegen und links zum Schiffsanleger.

Gerade wieder in den Wald und nach dem Gattertor gerade zur Mangmühle, gerade durchs Hofgelände und an der Linkskurve rechts ab, am Einschnitt entlang und auf dem Steig oberhalb vom See, zuletzt stetig ansteigend hinauf zur Straße mit dem Schilderpfahl. Kurz links, die Straße nach rechts queren in die »Forggenseestraße«, schräg links abzweigen und zum Weiher an der Waldecke.

Zum **Forggensee-Infozentrum**: Bei dem zuvor genannten Schilderpfahl neben der Straße rechts abwärts, an der Kurve geradeaus das abzweigende Sträßchen durch den Wald und wie unter Variante zum Info-Zentrum und zurück. Am Waldbeginn jedoch gleich rechts ab in die Straße nach Tiefenbruck und zur Waldecke beim Weiher, dort geradeaus.

Gemeinsam hinauf nach **Tiefenbruck**, zunächst links, dann rechts zwischen den Häusern hindurch und links dem Feldweg folgen zum Hof Gurrenmarren, durch eine Senke mit einem verträumten Weiher hinauf nach Nepfen, gerade zum Hof und das Sträßchen abwärts zum **Schmutterweiher**. Dort rechts abbiegen, nun stets Richtung »Lechbruck«. Am Nordufer durch den Wald, am Linksabzweig nach **Sameister** (siehe Tipp) oder gleich geradeaus zum Badeplatz.

Gerade weiter und am See-Ende dem Linksbogen nach. Am Waldbeginn bei einer Bank scharf links in den Forst, bei der Wildfütterung gerade weiter in einen Pfad, der sich vor der Koppel rechts hält, dann links zwischen Zaun und Waldrand weiter und zuletzt abfallend zwischen den Viehweiden zu einem Teersträßchen. Auf diesem rechts nach Oberschlicht.

Am Hof gerade vorbei, geradeaus in den Waldrandweg und in den Wald. Nach wenigen Metern rechts ab (»Rehle«) in den Steig, hinab in und durch das kleine Feuchtstück, drüben im Wald links und hinauf zum Weidedurchlass. Gerade durch die Wiese bergan zur Schranke und zur Bank beim Rehle-Hof. Geradeaus daran vorbei und bergab, zum Blick auf die Doppeltürme der Klosterkirche in Steingaden und bis nach **Helmenstein**, dort gerade weiter zur Straße.

Auf dieser links, als nächstes rechts zum Premer Lechsee, auf dem Damm über den Fluss und hinab zur Straße, dort links (»Lechbruck«) zum »Landgasthaus Lechaue« bei den Sportanlagen (hinein nach **Prem** geht es dahinter rechts).

Geradeaus dem schönen Weg am Fluss folgen, über Brücklein und Stege zum Holzlagerplatz und weiter auf dem Holzsteg am Wasser, hinter der Sägemühle entlang und rechts über eine kleine Holzbrücke, danach links haltend durch den Auwald nach **Lechbruck**. Über ein paar Stufen hinauf zur Lechbrücke, links hinüber ins Zentrum oder oben die Straße queren und mit der 3. Etappe anschließen.

Auf dem reizvollen Uferweg von Lechbruck zum Premer Lechsee tauchen im Hintergrund die Tannheimer Berge auf.

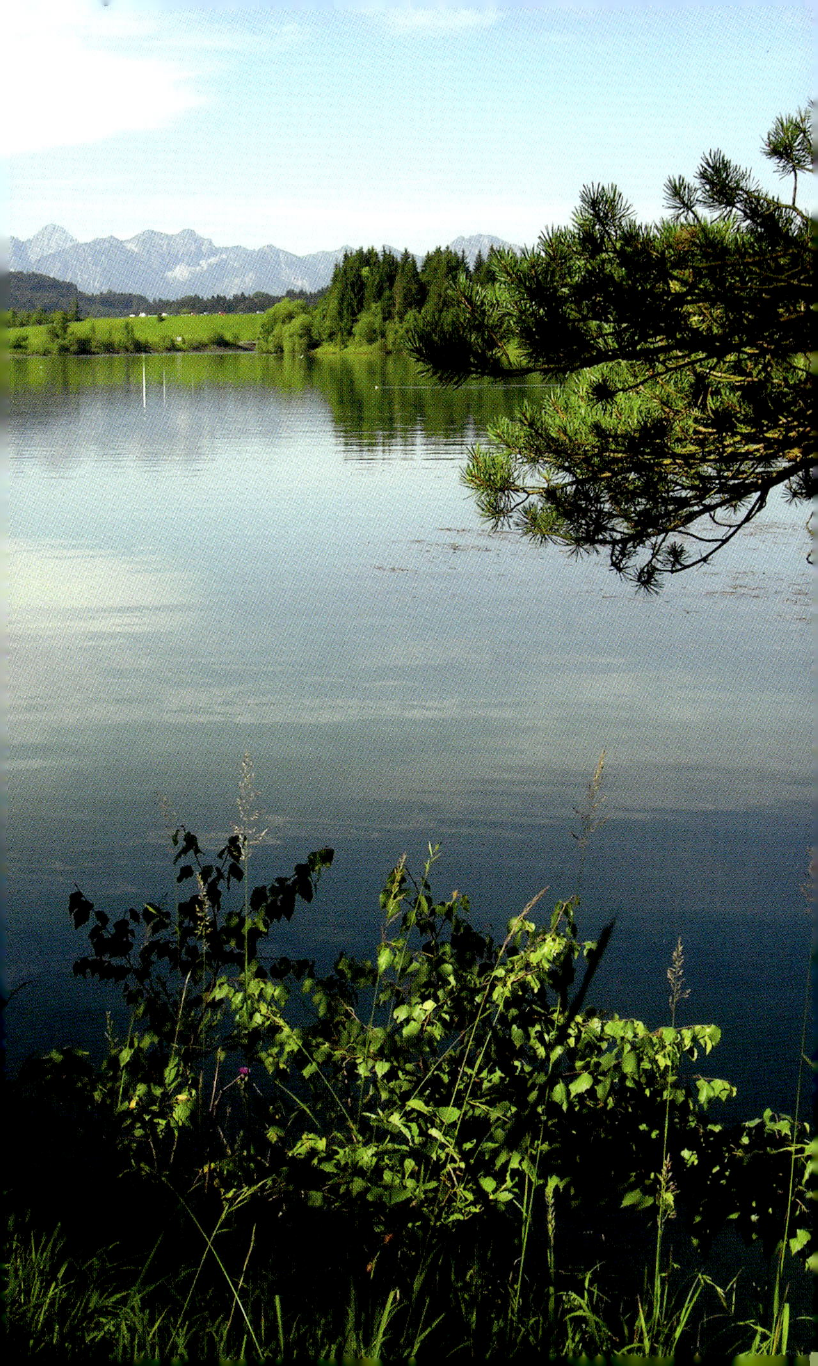

5. Etappe

Von Roßhaupten nach Füssen

Seeuferwege, Schlossansichten und der Lechfall

Start Tiefentalbrücke bei Roßhaupten.
Verkehrsanbindung Bahnhof in Füssen. Bushaltestellen in Roßhaupten und Rieden, in Füssen nahe Festspielhaus und am Bahnhof.
Auto Parkplätze in Füssen, siehe Service-Teil.
Gehzeiten Roßhaupten (815 m), Tiefentalbrücke bis Füssen (800 m) 3 ½ bis 4 Std. (14 km). Tiefentalbrücke – Dietringen ½ Std. (2 km) bis Osterreinen ¾ Std. (3 km, nach Rieden ¼ Std., 1 km) bis »Café Maria« ½ Std. (2 km) bis Füssen, Festspielhaus ¾ Std. (3 km) – Füssen, Zentrum ½ Std. (2 km, zum Bahnhof ca. 5–8 Min.) bis Füssen, Lechfall ½ Std. (2 km). Vom Bootshafen Füssen ins Zentrum ebenfalls ½ Std. (2 km).
Charakter Anfangs mehr Uferwege und -steige mit herrlichen Ausblicken auf See und Gebirge. Ab dem »Café Maria« viel Radelbetrieb und Autobegleitung, von hier angenehmer mit dem Schiff zum Festspielhaus oder zum Bootshafen Füssen.
Einkehr Wirtshaus »Tiefental« (April – Juni Mo., sonst kein Ruhetag), Ulli's Café in Dietringen, »Sonnenhof« in Osterreinen im Campingplatz, Café-Restaurant »Maria« (Mi. Ruhetag), ferner beim Festspielhaus, am Bootshafen und in Füssen.
Baden Naturbadeplätze bei Dietringen und Osterreinen, hinter dem Café »Maria« sowie in Füssen zwischen Festspielhaus und Bootshafen.
Öffnungszeiten Sehenswürdigkeiten in Füssen sowie Königsschlösser und Museum der bayerischen Könige in Hohenschwangau siehe Infos am Ende der Tour.
Forggensee-Schiffe Vom 1. Juni bis 15. Oktober, Abfahrtszeiten bei den Anlegestellen (siehe auch Service-Teil).
Information Gästeinformation Rieden, Lindenweg 4, 87669 Rieden a. F., Tel. 0 83 62/3 70 25, www.rieden.de
Füssen-Tourismus, Kaiser-Maximilian-Platz 1, 87629 Füssen, Tel. 0 83 62/9 38 50, www.fuessen.de.

Wegverlauf

Mit der Querung der Tiefentalbrücke machen wir uns auf den Weg nach Dietringen. Wir schauen ins wahrlich tiefe Tal, durch das der Bernmoosbach dem See zufließt, gehen auf der anderen Seite gleich links den Treppensteig hinab und unten rechts zum nahen Campingplatz »Seewang«.

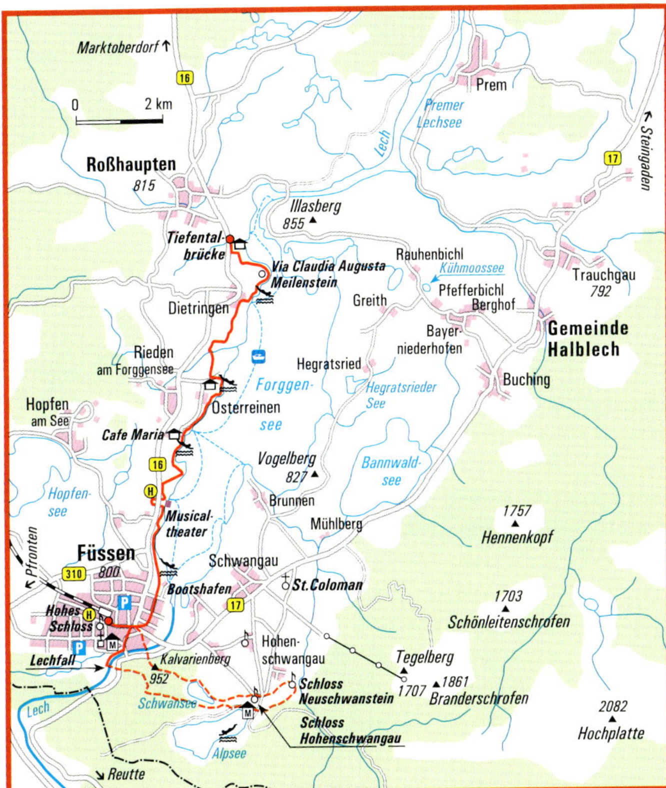

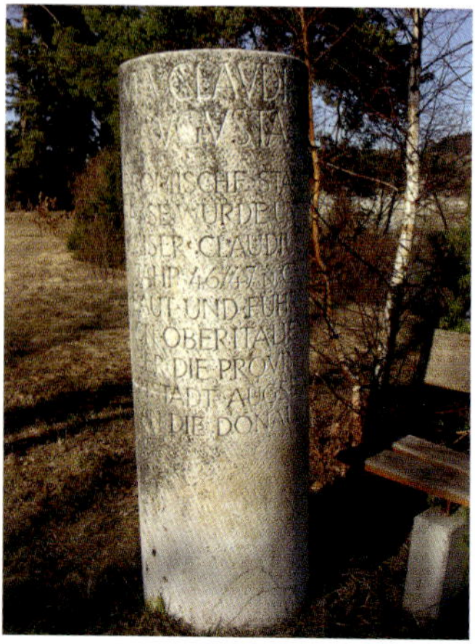

Vor dem Gasthaus »Tiefental« rechts und gerade den Feldweg weiter, hält der Weg nach der Linkskurve direkt auf den Branderschrofen, Tegelberg und den Säuling zu. Wir kommen zum Segelhafen, gehen um die Hütte herum, rechts auf einem Wanderpfad durchs Ufergehölz und am Wiesenrand zum Römerstein mit einem Rastplatz. Der Meilenstein (Foto) markiert hier den einstigen Verlauf der Via Claudia Augusta.

Info *Die Via Claudia Augusta wurde vor rund 2000 Jahren von den Römern angelegt. Sie war die einzige kaiserliche Staatsstraße über die Alpen und damit die wichtigste Verkehrs- und Versorgungsader zu deren nördlichsten Provinzen. Von Altinum an der Adria (nahe Venedig) bzw. Hostiglia, der Fährstation am Po, führte sie zum Reschen- und Fernpass, weiter über Foetibus (Füssen) und Augusta Vindelicum (Augsburg) zur Donau. Menschen, Kulturen und die Regionen in ihrem Einzugsbereich wurden durch diese Römerstraße nachhaltig geprägt.*

Von diesem Landvorsprung bietet sich ein herrlicher Blick übers Wasser auf die Ammergauer Berge, vor dem Säuling leuchtet Schloss Neuschwanstein, auch der Beginn der versunkenen Illasbergschlucht ist anhand der Schmalstelle zu erkennen. Dann weitet sich das Bergpanorama zu den Tannheimer Gipfeln, zum Aggenstein und Breitenberg. Kurz darauf sind wir beim Schiffsanleger Dietringen am Beginn der Badebucht, kommen bei den ersten Häusern zur Straße und links durch den Parkplatz hinein nach **Dietringen**.

An der Wegeteilung im Ort müssen wir rechts (»Almstraße«)

und gerade zum Dorf hinaus. Oder radelfrei gerade abwärts, vorbei an »Ulli's Café« zum Segelhafen, vor dem Wasser rechts ab in den schmalen Steig und nach dem Bootsliegeplatz in der Wiesenmulde rechts den Feldweg hinauf zum Querweg mit einem kleinen Parkplatz. Hier an der Gabelung links auf dem Forggensee-Rundweg mit schönem Bergblick bis vor einen Einschnitt und im Rechtsbogen leicht bergan. In diesem Bereich wird über einen Steig/Weg am Seeufer und entlang der Bucht nachgedacht. Sollte also eines Tages die Markierung geradeaus zeigen, folgen Sie ihr am Ufer und hinauf zum Asphaltweg, dort weiter bergan.

Wir nehmen den nächsten Linksabzweig und queren durch den Tobel hinauf zu einigen Höfen, voraus stehen wunderschön der Säuling und der pyramidenförmige Thaneller. An der Kreuzung bei **Osterreinen** gehen wir links abwärts (rechts hinein nach **Rieden**), gerade durch den Parkplatz, am Ende rechts auf den Forggensee-Uferweg Richtung »Schiffsanleger, »Café Maria«.

Er führt zunächst hinter Bäumen und etwas erhöht über dem Wasser entlang zum Badestrand, in der Bucht links durch den Bootshafen von Osterreinen (hier auch der Campingplatz). Gera-

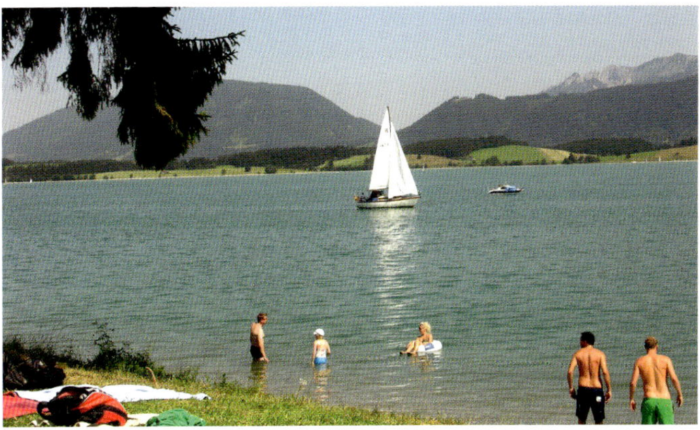

Badestrand Osterreinen

deaus spazieren wir mit schönem Blick auf die Berge und Schloss Neuschwanstein den Fußweg direkt am Ufer entlang, dann sind wir beim Schiffsanleger und **Café »Maria«**, bei dem es sich anbietet, das Linienschiff nach Füssen zu nehmen (Tipp 1).

Schmal um den gemütlichen Gastgarten herum, dann links (»Forggensee-Uferweg, Füssen«) passieren wir den Freibadeplatz von Rieden und sind nun erneut auf dem Forggensee-Rundweg, der ein beliebter und somit auch belebter Radelweg ist. Leicht wellig zieht er weg vom See und um eine Schilfbucht herum, anschließend auf einem Teersträßchen mit Anliegerverkehr hinaus zur Hauptstraße. Dort wenden wir uns links in den Rad-/Fußweg und müssen nun etwa 700 m neben der Straße entlang.

Bei den angezeigten Parkplätzen zum Festspielhaus links, dann rechts unter der Straßenbrücke durch, vor dem Parkplatz links über ein Bachbrücklein und links erneut unter der Brücke durch. So erreichen wir das Festspielhaus und nehmen vor der Einfahrt rechts den Fußweg. Es lohnt jedoch, das Haus und die Gartenanlagen vom Wasser her zu betrachten, auf der Terrasse einen Kaffee zu trinken und über den See zum Schloss Neuschwanstein zu schauen, das beim anfänglichen König-Ludwig-Musical in seiner nächtlichen Illumination eine prächtige Kulisse bot.

Entlang des Grünstreifens mit weiteren Bademöglichkeiten kommen wir nach **Füssen** und folgen an der Straßenkurve den Schildern »Touristinformation, Bahnhof« bergan. Oben vor dem Friedhof biegen wir links ab in die »König-Ludwig-Promenade«. Sie führt rechts um die Ecke und an der langen Friedhofsmauer entlang (Weg vom Bootshafen kommt hinzu). Man schaut auf den Bootshafen und auf Schloss Neuschwanstein, den Tegelberg, Branderschrofen und den Säuling.

Am Ende der Mauer immer weiter an der Hochkante entlang. Schließlich müssen wir rechts hinaus zu einer Straße und gehen zwischen der Rückseite des Hotels »Hirsch« und dem Einkaufszentrum gerade zur Ampelkreuzung mit der Tourismus-Information (»Kaiser-Maximilian-Platz«). Geradeaus über die Kreuzung und

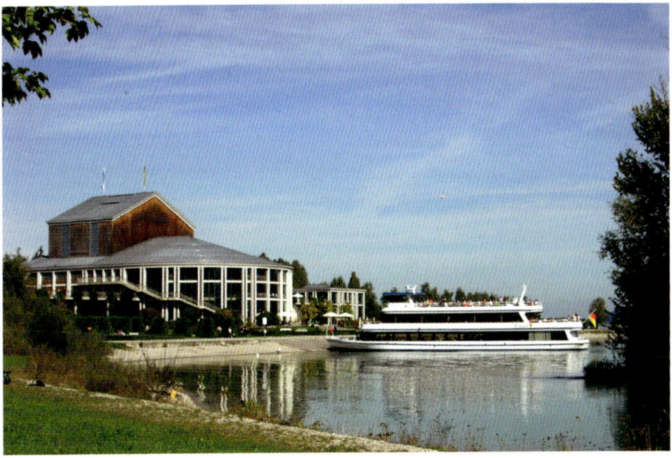

Festpielhaus Füssen

am Kreisel vor dem Hotel »Luitpold« gerade weiter, wären es noch etwa 5 bis 8 Minuten zum Bahnhof und Busbahnhof Füssen.

Zum **Lechfall** spazieren wir vom »Kaiser-Maximilian-Platz« an der Kreuzung links in die Fußgängerzone der Altstadt, gerade auf den Schlossberg zu, am Platz mit dem Brunnen links abwärts zur Lechbrücke, davor hinunter zum Lechufer. Rechts geht es am Fluss entlang nach **Bad Faulenbach**, dort links Richtung »Lechfall« den »Kapellenberg« abwärts, nach dem Parkhotel gerade aufwärts und gerade den »Ländeweg« weiter, kurz bergan aus dem Ort, dann links hinunter zum Maxsteg über den Lechfall, dem Endpunkt des LechErlebnisWeges.

Hier haben Sie Anschluss an den **»Lechweg«**, den ersten Fernwanderweg mit Europazertifikat, auf dem Sie durch die großartige Wildflusslandschaft des Tiroler Lechtals weiterwandern können bis zur Quelle des Flusses nahe dem Formarinsee bei Lech am Arlberg (siehe Wanderführer »Der Lechweg«, Berg & Tal Verlag). Für Füssen einschließlich der Königsschlösser Hohenschwangau und

Neuschwanstein sowie das Museum der Bayerischen Könige sollten Sie noch ein bis zwei Zusatztage planen (Tipp 2).

Tipp 1

Nicht nur bei viel Radel- und Ausflugsbetrieb empfiehlt es sich, ab dem »Café Maria« die **Forggenseeflotte** zu benutzen, sondern es macht auch viel Spaß, im Angesicht der Allgäuer Bergwelt, der Stadt Füssen und der Königsschlösser über den glasklaren See zu schippern. An Bord gibt es kleine Imbisse, Kaffe und Kuchen, Getränke und Eis. Im Gastgarten des Café »Maria« lässt sich die Zeit bis zur Abfahrt des nächsten Schiffs angenehm verbringen. Oder Sie legen am Freibadeplatz von Rieden gleich hinter dem Café noch eine Schwimmrunde ein.

Im Bootshafen von Füssen verlassen Sie das Schiff nach rechts, gehen an den Parkplätzen vorbei zur Straße, schräg links hinüber zum »Gästehaus am Forggensee«, linksseitig daran vorbei und den Steig hinauf zur König-Ludwig-Promenade vor der Friedhofsmauer, oben links auf der Hauptroute (Seite 82) weiter.

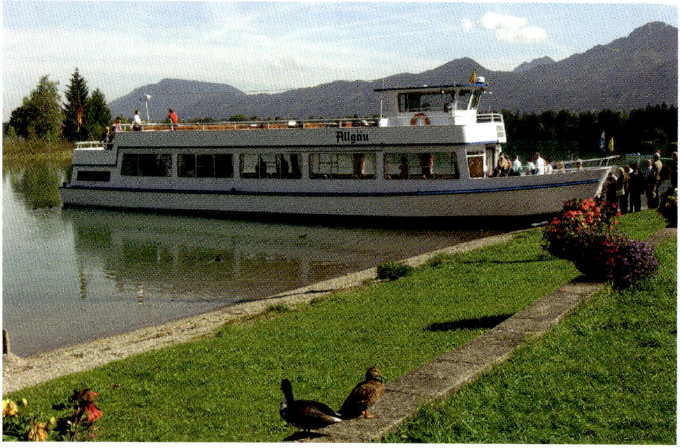

Bootshafen Füssen

Gegenrichtung

Zum Auftakt besuchen wir den **Lechfall**, bei dem der LechErlebnis-Weg beginnt. Wir verlassen den Bahnhof und gehen links durch die »Bahnhofstraße« zum Kreisel vor dem Hotel »Luitpold«, kurz rechts und links über den Zebrastreifen, dann gleich durch die Luitpoldpassage in die Altstadt. Rechts auf den Schlossberg zu, am Platz mit dem Brunnen links hinab zur Lechbrücke und zum Lechufer. Rechts an diesem entlang zum Ortsteil **Bad Faulenbach**, dort links den »Kapellenberg« abwärts und der Beschilderung »Lechfall« folgend zum Maxsteg (ca. ½ Std., 2 km).

Auf gleichem Weg zurück, vor der Luitpoldpassage noch das kurze Stück geradeaus zur Ampelkreuzung. Hinüber zum Platz vor der Tourismus-Information (»Kaiser-Maximilian-Platz«).
Rechts, also In östlicher Richtung durch den Platz zum Hotel »Hirsch«, zwischen Hotel und Einkaufszentrum zur Querstraße und schräg links hinüber in die »König-Ludwig-Promenade«. Ein Linksknick, dann immer gerade auf dieser und der Hochkante entlang, an der Friedhofsmauer weiter, dann zeigt ein Schild rechts den Fußweg hinab zum Bootshafen. Von dort eventuell mit dem Ausflugsdampfer zum »Café Maria«.

Oder auf der Promenade weiter, um die Friedhofsecke zur Straßeneinmündung, zuvor rechts abwärts, unten an der Kurve links in den Fußweg zum Festspielhaus. Linksseitig am Haus vorbei, unter der Straßenbrücke durch, rechts über die Bachbrücke und erneut rechts unter der Straße durch, dann im Linksbogen hinauf zur Hauptstraße. Rechts auf dem Rad-/Fußweg neben der Straße einher, dann rechts ab in die nicht autofreie Sackstraße, an deren Ende links, um das Schilfgebiet herum und auf dem Forggensee-Rundweg zum Freibadeplatz Rieden und **»Café Maria«**.

Rechts ums Café, rechts unten am Wasser bleiben und zum Schiffsanleger. Wer das Schiff verlässt, rechts und gemeinsam auf dem Fußweg am Ufer weiter nach **Osterreinen**. Dort vorbei am Bootshafen und um die Badebucht, dann auf dem Waldrandweg

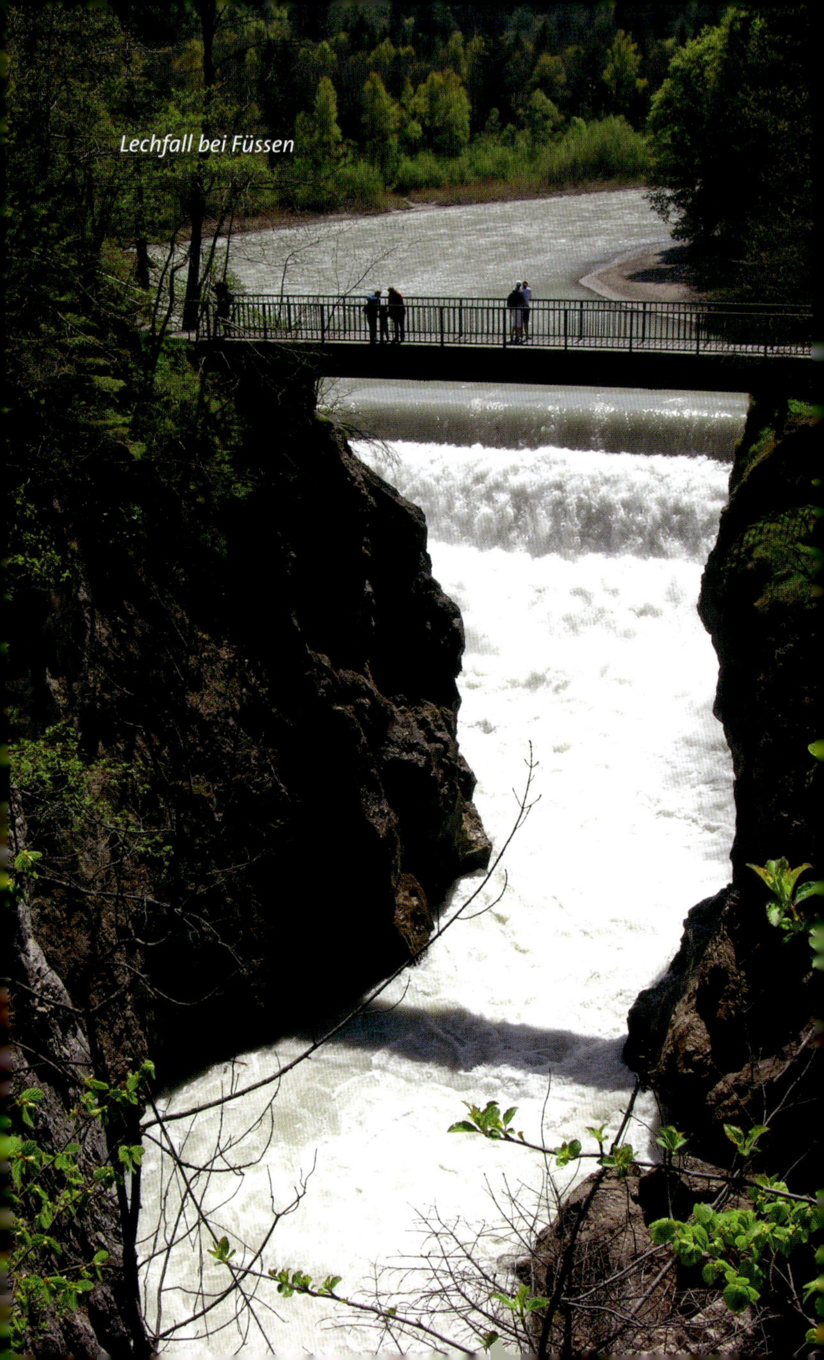

Lechfall bei Füssen

zum Parkplatz. Links hindurch und das Sträßchen gerade hinauf zu einer Kreuzung (geradeaus hinein nach **Rieden**).

Rechts Richtung »Dietringen, Tiefental« weiter in die für Kfz gesperrte Straße. Durch einen bewaldeten Bacheinschnitt zu einem Quersträßchen. Rechts am Tierheim vorbei und am Einschnitt entlang. Der Weg macht einen Linksknick (hier ist geradeaus an einen späteren Steig/Weg gedacht, dann diesen nehmen) und hält auf Dietringen zu. Hinter einem kleinen Parkplatz geradeaus oder rechts den Feldweg hinab zum See und Segelhafen. Links auf schmalem Steig zur Straße, diese links hinauf nach **Dietringen**.

Vorbei an »Ulli's Café«, noch aufwärts, dann rechts weiter durch den großen Parkplatz. An dessen Ende vor Häusern rechts (»Römerstein«) zur Badebucht und zum Schiffsanleger Dietringen. Auf einem Steig weiter um die Landzunge herum und zum Rastplatz am Römerstein. Auf einem Wanderpfad durchs Ufergehölz zum Segelhafen, bei dem – wenn im Frühjahr dieser Seeteil trocken gefallen ist – die alte Via Claudia zu sehen ist, die direkt auf den gegenüberliegenden Badeplatz von Roßhaupten zuhält.

Es geht links und gleich wieder rechts um die Hütte herum auf breitem Weg weiter, der Rechtskurve nach und am Abzweig geradeaus zum Gasthaus »Tiefental« am Campingplatz. Links zur nahen Tiefentalbrücke, die Stufen hinauf und hinüber, drüben geradeaus zur Übernachtung nach **Roßhaupten** oder gleich rechts die Treppe hinab und mit der 4. Etappe weiter.

Infos ***Der Lechfall*** *Er entstand am Ende der letzten Eiszeit (Würmeiszeit), als sich das Schmelzwasser im Vilstal zu einem großen See sammelte, der bis nach Pfronten reichte und dem im Norden durch einen Querriegel aus Wettersteinkalk der Ablauf verwehrt war. Der Überlauf des Beckens befand sich an der Stelle des heutigen Lechfalls, wo das Wasser 100 Meter tief stürzte und sich in den damaligen Füssener See ergoss. Im Laufe der Jahrtausende grub sich der Lech einen Durchlass und vertiefte ihn immer mehr, so dass der sogenannte Pfrontener See nach Norden abfließen konnte und somit verschwand.*

Heute beträgt die Fallhöhe nur noch gute 7 Meter, danach tost das Wasser wild schäumend durch eine enge Klamm. Sie ist die einzige Schlucht im bayerischen Alpenraum, durch die ein größerer Gebirgsfluss noch ungehindert fließen kann. Sagenumwoben ist dieser Naturschauplatz, beispielsweise soll der Heilige Magnus (um 750) auf seiner Flucht vor den Heiden nördlich des Falls über den Lech gesprungen sein. Auf dem Felsen beim Parkplatz, den man heute »Magnustritt« nennt, sind runde Vertiefungen zu finden, die als seine Fußabdrücke gelten. Gegenüber ist an der Felswand eine Büste von König Maximilian II. zu sehen.

Füssen *Das malerische Städtchen ist eine der ältesten Siedlungen am Nordrand der Alpen und wurde gegründet lange bevor die Römer kamen. Diese bauten hier ihr erstes Militärlager, dessen Name urkundlich als »Foetibus« erwähnt wird. Um 840/850 entwickelte sich aus der Missionszelle des Heiligen Magnus das Benediktinerkloster St. Mang, das bis zur Säkularisation 1802 bestand. Unter Rudolf von Habsburg erfolgte spätestens 1295 die Stadterhebung. Aus bayerischem Besitz kam Füssen 1313 an die Augsburger Bischöfe.*

Bevor die Stadt 1803 erneut bayerisch wurde, hatte sie unter dem Bauernaufstand, dem Schmalkaldischen und Dreißigjährigen Krieg zu leiden, sowie unter dem Bayerisch-Österreichischen Erbfolgekrieg, der 1745 durch den »Füssener Frieden« ein Ende fand. Die wirtschaftliche Blüte im Mittelalter und zu Beginn der Neuzeit hat das Stadtbild umfassend geprägt. So ist die Altstadt ein regelrechtes Schatzkästlein (Führungen buchbar über Füssen Tourismus und Marketing).

Das Hohe Schloss steht auf dem Platz des einstigen römischen Kastells. Hier begann 1291 der bayerische Herzog Ludwig der Strenge widerrechtlich mit dem Bau einer Burg, den der Augsburger Bischof einstellen ließ. 1322 erwarb letzterer den Burgberg, und bis 1504 wurde die angefangene Burg zum Sitz eines Pflegamts und zu einem prächtigen Burgschloss gestaltet, das die Fürstbischöfe von Augsburg als Sommerresidenz nutzten. Berühmt ist der Festsaal (»Rittersaal«) mit der spätgotischen Holzkassettendecke, schön anzuschauen die spätmittelalterliche Illusionsmalerei im

Innenhof. Das Schloss beherbergt heute die Staatsgalerie, eine ausgewogene Sammlung mit Werken von der Spätgotik bis ins 19. Jh., zeichnerischen Köstlichkeiten des Grafen von Pocci und altdeutsche Skulpturen (gleiche Öffnungszeiten wie Museum, siehe S. 90, Führungen April–Okt. jeden Mittwoch 14.30 Uhr, ab 10 Personen auch nach Vereinbarung).

Unterhalb liegt das ehemalige Kloster St. Mang. Zahlreiche Kunstwerke von der Romanik bis zum Rokoko illustrieren die wechselvolle Geschichte der Abtei, die nicht nur geistlicher Mittelpunkt, sondern Herrschafts- und Kulturzentrum im Füssener Land war. Herrliche Barockräume sind erhalten: Fürstensaal, Bibliothek, Refektorium, Kapitelsaal und Colloquium. Die Ursprungskirche (8. Jh.) der Barockbasilika St. Mang entstand über der Zelle des Hl. Magnus, vom romanischen Kirchenbau (1143) stammen noch der mächtige Turm und die Ostkrypta. Die heutige Basilika, die dritte an dieser Stelle, ist ein Barockbau (1701–17) von Johann Jakob Herkomer

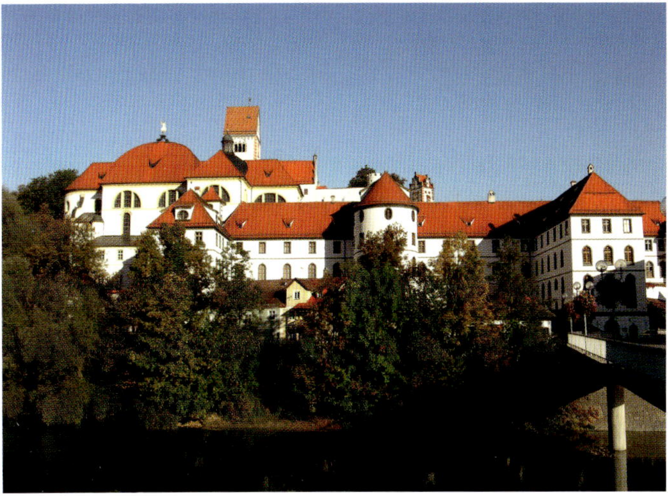

Über dem Lech erhebt sich das ehemalige Kloster St. Mang. Der rechte Turm im Hintergrund gehört zum Hohen Schloss in Füssen.

aus Sameister (westlich von Lechbruck, siehe 4. Etappe). In der Krypta hat man 1950 Fresken mit den ausdrucksvollen Köpfen der Missionare Magnus und Gallus (um 980, Reichenauer Schule) frei gelegt. Die Annakapelle, die nur über das Museum der Stadt Füssen zugänglich ist, birgt einen der größten Schätze, den von Jakob Hiebeler 1602 auf Holz gemalten »Füssener Totentanz«, den ältesten seiner Art in Bayern.

In den Konventgebäuden hat das Museum der Stadt Füssen (Lechhalde 3, Eingang durch den Klosterhof) mit umfangreicher heimatkundlicher Sammlung Einzug gehalten (April–Okt. Di.–So. 11–17 Uhr, Nov.–März Fr.–So. 13–16 Uhr, Führungen nach Vereinbarung). Zudem präsentiert es eine Spezialsammlung historischer Zupf- und Streichinstrumente von Füssener Meistern. Füssen gilt – nachdem hier 1562 die erste Lautenbauerzunft Europas gegründet wurde – als Wiege des europäischen Lautenbaus, lange bevor Cremona, Brescia und Mittenwald zu Ruhm gelangten. Der Brunnen auf dem Brotmarkt weist auf diese Tradition hin. Heute gibt es noch drei Werkstätten, in denen Geigen und Lauten hergestellt werden.

Königsschlösser *Von Füssen aus sind die Königsschlösser in Hohenschwangau mit dem Bus leicht zu erreichen (Wanderweg-Variante siehe Karte sowie Beschreibung am Schluss). Eintrittskarten mit der Einlasszeit erhält man nur beim Ticket-Center, Alpseestr. 14, unterhalb der Schlösser. Telefonische oder online-Vorbestellung möglich: Tel. 08362/930830, www.ticket-center-hohenschwangau.de; Ticket-Verkaufszeiten 1. April bis Mitte Okt. von 8–17 Uhr, für Schloss Hohenschwangau bis 17.30 Uhr, von Mitte Okt.–31. März von 9–15 Uhr, für Hohenschwangau bis 15.30 Uhr. Es gibt auch Kombi-Karten für die Schlösser plus Museum.*

Die Burg Schwanstein, das heutige Schloss Hohenschwangau, ist bereits im 12. Jh. als Sitz der Edlen von Schwangau erwähnt und wurde 1535 durch den Augsburger Kaufmann Paumgartner vom letzten Ritter von Schwangau erworben. 1832 kaufte der Vater von Ludwig II., König Maximilian II., die ruinöse Burg und ließ sie von dem Architektur- und Theatermaler Domenico Quaglio in neugotischem Stil instand setzen. Die edel

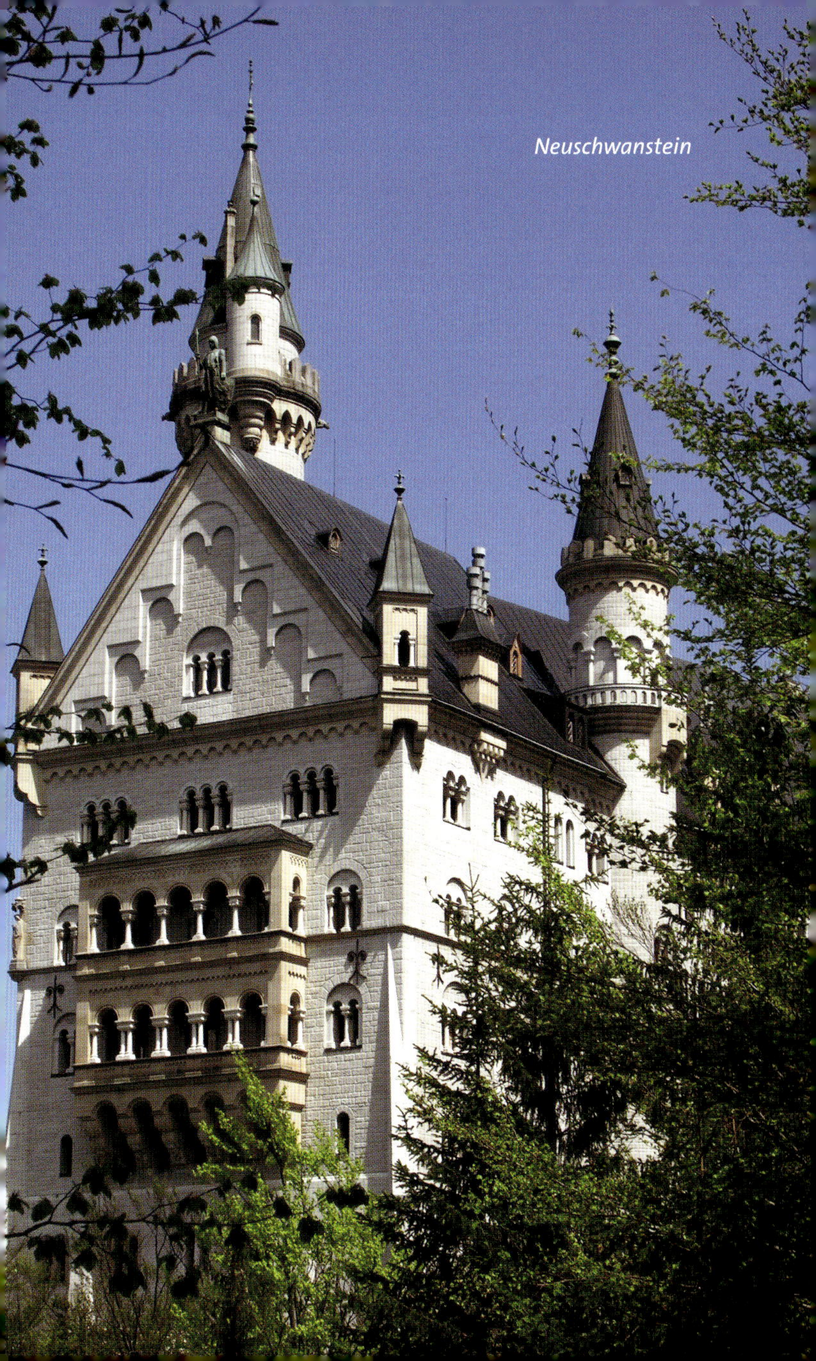
Neuschwanstein

gestalteten Innenräume und Einrichtung aus der Biedermeierzeit strahlen bis heute Wohnlichkeit aus, während Neuschwanstein eher einer Theaterkulisse gleicht. Hier umgaben Ludwig bereits viele Schwanenmotive, und so spielte auch in seinem Leben der Schwan eine große Rolle.

Auf Hohenschwangau verbrachte Ludwig als junger Bayernprinz einen Großteil seiner Kindheit. Seine Mutter, Königin Marie von Bayern (1825 bis 1889), der das Marienmonument am Alpsee gewidmet ist, lebte nach Ludwigs Tod noch drei Jahre auf dem Schloss, bevor sie dort verstarb. Heute ist der Wittelsbacher Ausgleichsfonds Eigentümer des Schlosses.

Zur Illusionswelt König Ludwig II. gehörten vor allem die deutschen Ritter- und Heldensagen. Nachdem ihn die Wartburg bei Eisenach stark beeindruckt hatte, ließ er 1869 nach Plänen des Theatermalers Christian Jank und unter Leitung des Königlichen Hofbaumeisters Eduard Riedel anstelle der alten Burgruine Hohenschwangau über der Pöllatschlucht Schloss Neuschwanstein errichten. Die Heldenopern seines Freundes Richard Wagner fanden in der Innenausstattung, für die Julius Hofmann und später auch Baudirektor Georg von Dollmann verantwortlich zeichneten, ihren Niederschlag.

Nach dem bis heute rätselhaften Tod des unglücklichen Königs am 13. Juni 1886 im Starnberger See wurde der Bau eingestellt und blieb bis heute unvollendet. In Neuschwanstein hat Ludwig II. ab 1884 bis zu seinem Tod insgesamt nur 172 Stunden verbracht, er bevorzugte das Lustschlösschen Linderhof im nahen Ammertal. Sein »Märchenschloss« Neuschwanstein aber ist eines der bedeutendsten Touristenziele in Deutschland, Eigentümer ist der Freistaat Bayern.

Museum der bayerischen Könige *Direkt am Alpsee und überragt von den Königsschlössern hat im Sommer 2011 im früheren »Königlichen Hofhotel zur Alpenrose« das »Museum der bayerischen Könige« Einzug gehalten. Auf 1500 qm und mit modernster Museumstechnik präsentiert es die Geschichte der Wittelsbacher-Dynastie und ihrer bayerischen Könige.*

Gezeigt werden u. a. kostbare Tafelaufsätze, der Mantel König Ludwig II. und ein Service, das aus 326 Teilen besteht. Es wurde zur goldenen

Hochzeit des letzten bayerischen Königspaares gefertigt und jedes Stück mit einem eigenen Motiv versehen, zu dem die Majestäten jeweils einen persönlichen Bezug hatten (täglich geöffnet: April – Mitte Okt. 9–19 Uhr, Mitte Okt. – März 10–18 Uhr, Tel. 08362/9264640 www.museum-hohenschwangau.de).

Tipp 2
Wanderweg Hohenschwangau

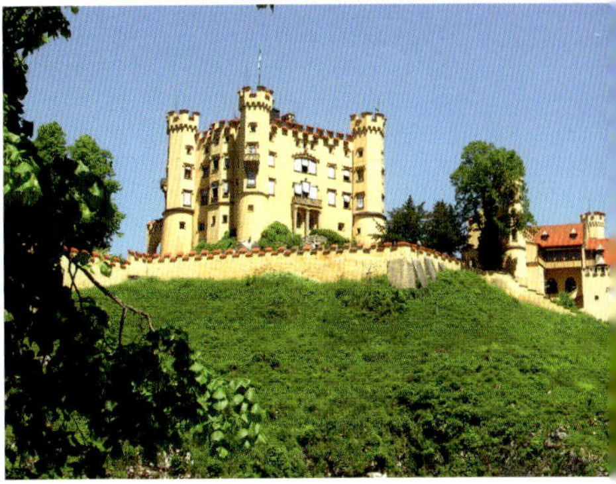

Schloss Hohenschwangau thront auf einem hohen Felsriegel.

Die Königsschlösser und das Museum der bayerischen Könige sind auf einer schönen Wanderrunde von Füssen aus gut zu Fuß zu erreichen. Dazu folgt man auf der Straßenseite des Lechfalls dem weißen L des Lechwegs hinauf zum Kalvarienberg, geht teils über Stufen hinab zu einem Querweg, dann das L verlassend links weiter mit dem K des »König-Ludwig-Weges« (siehe Führer im Berg & Tal Verlag) zum Schwansee und nach Hohenschwangau. Bei der großen Kreuzung rechts zum Ticket-Center, dann geradeaus weiter zum Museum am Alpsee (ca. 1 ½ Std., 4 km).

Dort wendet man sich vor dem See rechts, nimmt das Teersträßchen aufwärts, ignoriert die Zufahrt zum Schloss Hohenschwangau und gelangt zu einem Rechtsabzweig. Hier rechts und nun erneut dem weißen L auf dem leicht ansteigenden Alpenrosenweg folgen. Es geht über zwei Kreuzungen, dann verlässt man die L-Markierung nach links in den Steig Richtung »Füssen, Lechfall« und ist in wenigen Minuten unten beim Maxsteg über den Lechfall (ca. 1 ½ Std., 4 km).

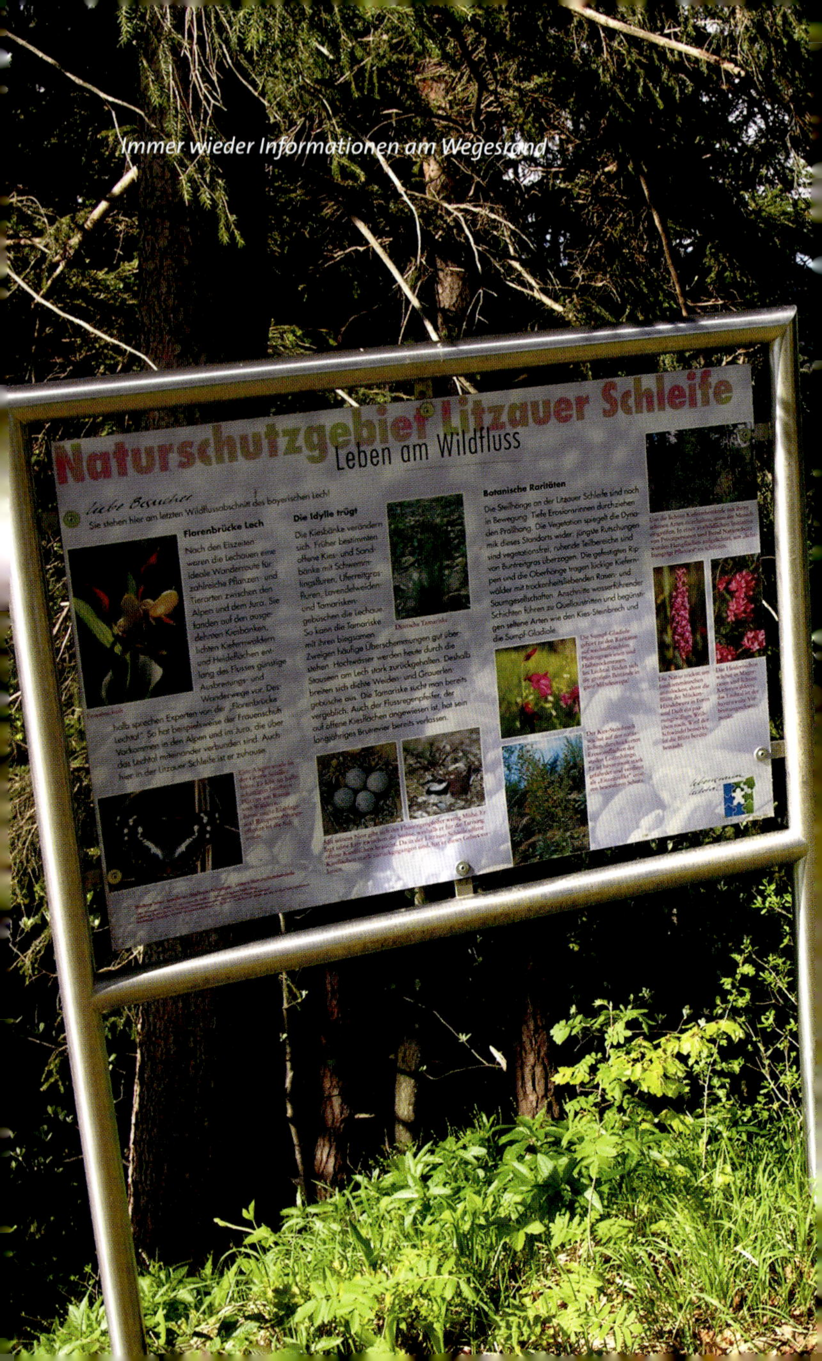

Immer wieder Informationen am Wegesrand

Serviceteil

Übernachten

(Orte im Tourverlauf)
Beim folgenden Übernachtungsverzeichnis handelt es sich in der Regel um eine Auswahl von Gastgebern, die im Zentrum der Orte oder in erreichbarer Nähe zum Weg liegen und Gäste für eine Nacht aufnehmen. Details und den Weg zum Haus können Sie bei der Quartierbestellung erfragen.
Sofern nichts anderes angegeben ist, verstehen sich die Preise ab .. € für eine Person Übernachtung mit Frühstück im Doppelzimmer, Zuschläge für eine Nacht und/oder Einzelzimmer sowie die örtliche Kurtaxe kommen manchmal noch hinzu. Bei Ferienwohnungen (FeWo) richtet sich der Preis meist nach der Größe und Belegung und beinhaltet selten ein Frühstück.
Im Bereich Mundraching und Epfach/Reichling gibt es nach dem derzeitigen Stand keine weiteren Vermieter für eine Nacht. Erst in Hohenfurch kann Ihnen wieder die Tourist-Information weiterhelfen.
Zwischen Schongau und Urspring/Lechbruck finden Sie nur im etwas abseits gelegenen Burggen ein Bett und damit die Möglichkeit, Etappen kürzer zu gestalten.
Wegen der teils auch von der Kapazität her begrenzten Übernachtungsmöglichkeiten besonders auf der ersten Hälfte des Weges ist anzuraten, das Quartier vorab zu buchen, allerdings nehmen die Gastgeber Reservierungen für eine Nacht nicht monatelang im Voraus, sondern eher kurzfristig entgegen. Besonders in der Hochsaison sind Betten in den Ferienorten mehr als knapp, da vor allem die Privatvermieter den Gästen, die länger bleiben wollen, den Vorzug geben.
Haben die Gasthäuser Ruhetag, sind Übernachtungsgäste jedoch fast immer willkommen.
Allgemein helfen die Tourismus-Informationen bei der Zimmersuche, falls Sie bei den nachstehenden Häusern kein Glück haben. Die Kontaktdaten sind bei den Etappen im Infoblock zu finden.

86899 Landsberg

Hotel Goggl, Hubert-von-Herkomer-Str. 19/20, Tel. 0 81 91/32 40, www.hotelgoggl.de, hotelgoggl@t-online.de, 44,50 €

Gasthof Zum Mohren, Hauptplatz 148, Tel. 0 81 91/4 22 10, www.mohren-landsberg.de, anfrage@zum-mohren.de, 39,- €

Gasthof Schafbräu, Hinterer Anger 339, Tel. 0 81 91/49 20, www.schafbrau.de, schafbrau@web.de, 37,50 €

Stadthotel Garni Augsburger Hof, Schlossergasse 378, Tel. 0 81 91/96 95 96, www.stadthotel-landsberg.de, info@augsburger-hof.com, 37,50 €

Zweite Heimat Doebel Susanne, Alte Bergstr. 451, Tel. 01 62/4 02 25 03, www.zweite-heimat.info, sudoebel@freenet.de, 30,- € (Frühstück auf Wunsch)

Alfred und Birgit Scheid, Blatterngasse 357, Tel. 0 81 91/25 18, www.ferienwohnung-altstadt-landsberg.de, alfredscheid@web.de, 25,- € (ohne Frühstück)

In Pitzling

Pension Aufeld, Aufeldstr. 3, 86899 Landsberg, Tel. 0 81 91/9 47 50, www.pensionaufeld.de, mail@pensionaufeld.de, 37,- €

Bei Mundraching

In Stadl (vom LechErlebnisWeg ca. ¼ Std., 1 km)

Haus Lindner, Stoffener Str. 1, 86946 Stadl, Tel. 0 81 94/15 24, fewo-lindner@gmx.de, FeWo, Preis auf Anfrage.

In Hohenwart (an der B 17, von Mundraching ca. ½ Std., 2 km, siehe Variante)

Hotel Landgasthof Hohenwart, Hohenwart 1, 86925 Fuchstal, Tel. 082 43/22 31, www.hotelhohenwart.info, hotelhohenwart@online.de, 25,- €

86920 Epfach

Wirtshaus Zur Sonne, Sonnenbichl 1, Tel. 0 88 69/91 16 66, www.zursonne.info, wirtshaus@zursonne.info, 32,- €

Lucia Lehner, Via Claudia 45, Tel. 0 88 69/9 13 70 76, Strohhaus, FeWo, 44,- €

Hildegard Herbst, Via Claudia 8, Tel. 0 88 69/3 34, herbst-epfach@t-online.de, Preis auf Anfrage (Frühstück auf Wunsch).

In Reichling (vom Aussichtspunkt im Tipp ca. ¼ Std., 1 km) **Gärtnerei Löwenzahn**, St.-Nikolaus-Str. 2, 86934 Reichling, Tel. 0 81 94/84 22, www.gaertnereiloewenzahn.de, info@gaertnereiloewenzahn.de, Hofladen, 17,50 € (Frühstück auf Wunsch)

86978 Hohenfurch

Schönachhof, Kapellenstr. 22, Tel. 0 88 61/41 08, www.schoenachhof.de, info@schoenachhof.de, 34,- €

Hotel-Gasthof Negele, Hauptplatz 2, Tel. 0 88 61/90 80 00, www.hotel-gasthof-negele.de, hotel-negele@web.de, 35,50 €
Haus Götz, Bräuweg 1, Tel. 0 88 61/85 93, www.haus-goetz.info, haus.goetz@t-online.de, 20,- €

86956 Schongau

Hotel Alte Post , Marienplatz 19, Tel. 0 88 61/2 32 00, www.altepost-schongau.de, info@altepost-schongau.de, 42,50 €

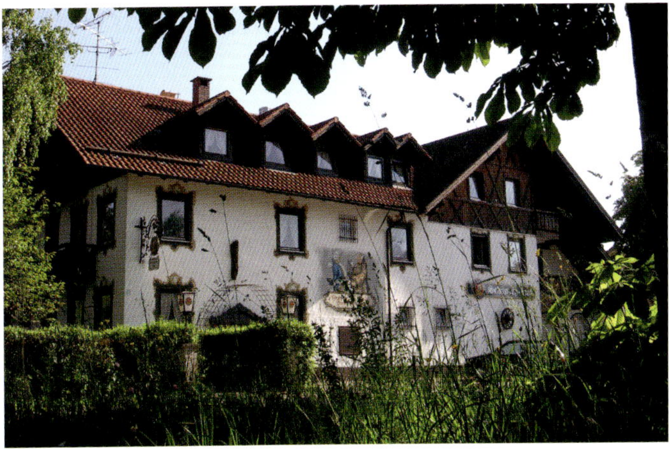

Der Schönachhof liegt direkt an der Strecke

Hotel Blaue Traube, Münzstr. 10, Tel. 0 88 61/30 60, www.hotel-blaue-traube.de, blauetraube@aol.com, 42,50 €

Hotel Rössle, Christophstr. 49, Tel. 0 88 61/2 30 50, www.hotel-roessle-schongau.de, info@hotel-roessle-schongau.de, 44,50 €

In Dornau

Bioland-Bauernhof Reßle, Dornau 7, 86956 Schongau, Tel. 0 88 61/99 44, www.ferienwohnung-ressle.de, regina.ressle@freenet.de, FeWo, Hofladen, 50,- €

86977 Burggen (abseits vom Weg, siehe Variante 1)

Etwa 10 Minuten: **Landhaus Klöck**, Schwarzkreuzstr. 19, Tel. 0 88 60/83 35, monikakloeck@t-online.de, 19,- €

Etwa ½ Std. (2 km): **Gasthaus Fichtl**, Auf der Burg 12, Tel. 0 88 60/2 83, www.Gasthaus-Fichtl.de, Haus-Fichtl@t-online.de (kurzfristig vorher anrufen), 29,- €

In Urspring

Etwa ¼ Std. (1 km) abseits vom Weg (siehe Variante 2)

Gasthaus Drei Mohren, Kirchenstr. 14, 86989 Steingaden, Tel. 0 88 62/93 21 92, www.gasthaus-drei-mohren.de, drei-mohren@t-online.de, 30,- €

86983 Lechbruck

Gasthof Holler, Bahnhofstr. 10, Tel. 0 88 62/85 57, www.gasthof-holler.de, kontakt@gasthof-holler.de, 23,40 €

Gästehaus Braunegger, Flößerstr. 42, Tel. 0 88 62/85 32, 19,50 €

Haus Enzensberger, Lechwiesenstr. 1, Tel. 0 88 62/86 26, 20,- €

86984 Prem

Helga Groß, Kirchplatz 3, Tel. 0 88 62/76 79, gogro@t-online.de, 25,- €

87672 Roßhaupten

In Sameister

Gästehaus Herb, Sameister 7, Tel. 08 36 72 87, www.allgaeu-urlaub.com, info@allgaeu-urlaub.com, FeWo, 45,- €

Ferienhof Klöck, Sameister 8, Tel. 0 83 67/8 61, www.ferienhof-kloeck.de, ferienhof.kloeck@gmx.de, FeWo, 39,- € (Frühstück auf Wunsch)

87672 Roßhaupten

Hotel Kaufmann, Füssener Str. 44, Tel. 0 83 67/9 12 30, www.hotel-kaufmann.de, info@hotel-kaufmann.de, 60,- €

Landgasthof Schwägele, Hauptstr. 15, Tel. 0 83 67/3 05, www.landgasthof-schwaegele.de, info@landgasthof-schwaegele.de, 39,- €

Pension Da Piero, Füssener Str. 6, Tel. 0 83 67/91 20 50, www.dapiero.net, info@dapiero.net, 40,- €

Haus Kümmerle, Füssener Str. 8a, Tel. 0 83 67/5 22, 20,- €

87669 Rieden

In Dietringen

Ferienhaus Schnöllerhof, Seestr. 4, Tel. 0 83 67/4 69, www.schnoellerhof.de, kontakt@schnoellerhof.de, 45,- €

In Rieden

Gasthof Rössle, Lindenweg 2, Tel. 0 83 62/9 39 53 95, gasthof-roessle-rieden@t-online.de, 39,50 €

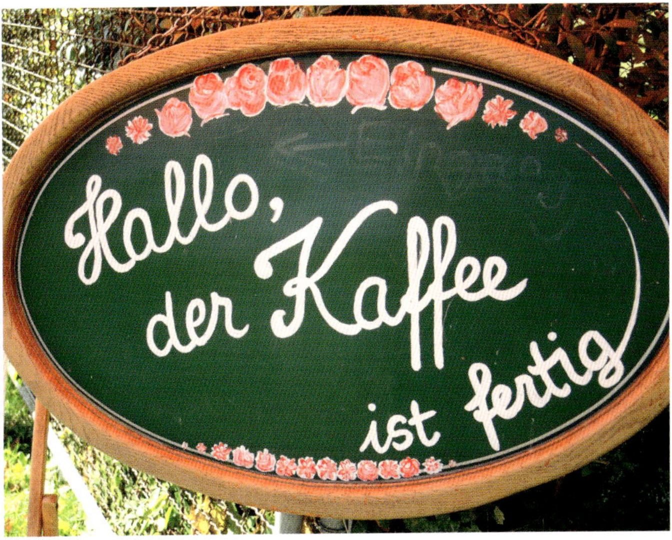

Mit diesem Morgengruß wird der Wandertag sicher ein Erfolg!

Dreimäderlhaus-Hostel, Osterreiner Str. 1, Tel. 01 78/6 03 77 41, www.hostel-rieden.de, buchung@hostel-rieden.de, 28,- €

In Osterreinen

Sonnenhof am See, Bachtalstr. 10, Tel. 0 83 62/49 31, www.sonnenhof-am-forggensee.de, info@sonnenhof-am-forggensee.de, 35,- €

Ferienhof Haug, Bachtalstr. 12, Tel. 0 83 62/18 10, www.ferienhof-haug.de, info@ferienhof-haug.de (nicht von Anf. Juni – Ende Sept.), 30,- €

Café Maria, Forggenseestr. 18, Tel. 0 83 62/3 70 00, info@cafe-maria.de, 45,- €

87629 Füssen

Hotel Sommer, Weidachstr. 74 (am Bootshafen), Tel. 083 62/9 14 70, www.hotel-sommer.de, info@hotel-sommer.de, 88,- €

Gästehaus Haus am Forggensee, Weidachstr. 69 (am Bootshafen), Tel. 0 83 62/36 36, www.haus-forggensee.de, info@haus-forggensee.de, 35,- €

Hotel Schlosskrone,

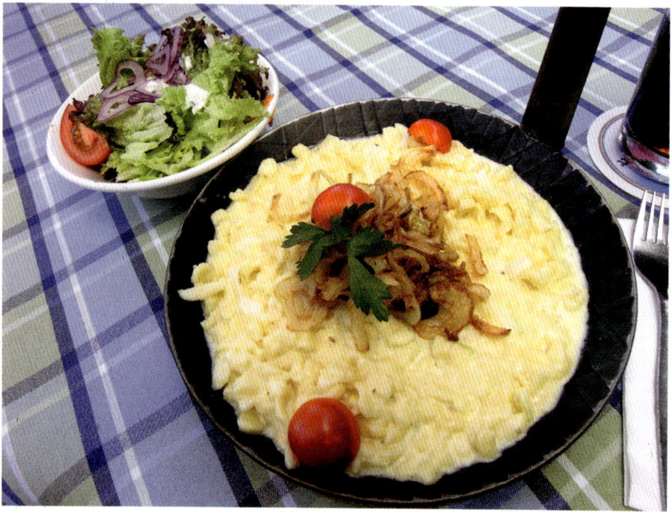

Ein deftiges Essen gibt Kraft für die nächste Etappe.

Prinzregentenplatz 2–4, Tel. 08362/930180, www.schlosskrone.de, rezeption@schlosskrone.de, 50,- €

Luitpoldpark-Hotel, Bahnhofstr. 1–3, Tel: 08362/9040, www.luitpoldpark-hotel.de, fuessen@luitpoldpark-hotel.de, 75,- €

Hotel & Restaurant Ludwigs, Reichenstr. 17, Tel. 08362/9251795, www.hotel-ludwigs.de, info@hotel-ludwigs.de, 44,- €

Altstadt-Hotel Zum Hechten, Ritterstr. 6, Tel. 08362/91600, www.hotel-hechten.com, info@hotel-hechten.com, 46,50 €

Hotel-Brauereigasthof Bräustüberl, Rupprechtstr. 5, Tel. 08362/7843 und 923950, www.brauereigasthof-braeustueberl.de, brauerei-gasthof-fuessen@t-online.de, 44,- €

Hotel garni Fürstenhof, Kemptener Str. 23, Tel. 08362/91480, info@fuerstenhof-fuessen.de, 34,- €

Gästehaus Schöberl, Luitpoldstr. 14 und 16, Tel. 08362/922411, www.schoeberl-fuessen.de, info@schoeberl-fuessen.de, 35,- €

Suzanne's B & B, Im Venetianerwinkel 3, Tel. 08362/38485, www.suzannes.de, info@suzannes.de, 32,50 €

Happy Sleep House, Luitpoldstr. 12, Tel. 08362/5059180, www.happy-sleep-house.de, 25,- € (Frühstück auf Wunsch)

Gästehaus Kieser, Ziegelwiesstr. 15 (nahe Lechfall), Tel. 08362/1690, www.gaestehaus-kieser.de, info@gaestehaus-kieser.de, 45,- €

In Bad Faulenbach (nahe Lechfall)

Vitalhotel Wiedemann, Am Anger 3, Tel. 08362/91300, www.hotel-wiedemann.de, info@hotel-wiedemann.de, 63,50 €

Hotel Jakob garni, Schwärzeweg 6, Tel. 08362/91320, www.kurhotel-jakob.de, info@kurhotel-jakob.de, 50,- €

Ruchti's Hotel & Restaurant, Alatseestr. 38, Tel. 08362/91010, www.hotel-ruchti.de, info@hotel-ruchti-de, 56,- €

Hotel Frühlingsgarten, Alatseestr. 8, Tel. 91730, www.hotel-fruehlingsgarten.de, info@hotel-fruehlingsgarten.de, 37,50 €

Anreise

Flugzeug

Mit dem Flieger nach München oder eventuell auch Memmingen, weiter mit dem Zug nach Landsberg am Lech oder - falls Sie dort starten möchten - nach Füssen.

Bahn

Mit dem Zug nach Landsberg am Lech oder Füssen, empfehlenswert ist jedoch der Start in Landsberg. Von Füssen kommt man mit der Bahn auch zurück nach Landsberg.
Der Bahnhof in Schongau wird nur von Peiting her über Weilheim angefahren.
Infos unter: Deutsche Bahn, Tel. 0 18 05/99 66 33, kostenlose Fahrplanauskunft Tel. 0 80 01/50 70 90 (Sprachcomputer) oder unter www.bahn.de oder auch bayern-fahrplan.de.

Auto

Landsberg liegt an der Autobahn A 96. Über die Ausfahrt Landsberg-Nord ins Zentrum.
Füssen ist von Memmingen über die A 7, von Landsberg über die B 17 erreichbar. Von München über die A 96 nach Landsberg, dann die B 17 nach Füssen, oder über die A 95, dann die B 2 nach Weilheim und die B 472 nach Peiting, dort die B 17 nach Füssen.

Parken

In Landsberg:
Parkgaragen in der Lechstraße (Zufahrt im Norden über die Sandauer Brücke und gleich rechts in die »Lechstraße«) sowie im Schlossberg (im Süden über die Karolinenbrücke und den Hauptplatz, Zufahrt über die »Neue Bergstraße«).
In Füssen:
P 2 beim Eissportzentrum - BLZ Arena an der »Kemptener Straße« (kostenlos, Einfahrt gegenüber der Tankstelle).
Parkgarage City/Sparkassenhaus (P 5) im Zentrum, die Zufahrt von der »Augsburger Straße« bei der AOK ist ausgeschildert. Gebührenpflichtig (Wochenpreis z. B. 20,- €), Tickets Mo. – Sa. in der Tiefgarage oder unter www.apcoa.de.

Bus

Im Wandergebiet fahren die RVO- und RVA-Busse (Regionalverkehr Oberbayern, Regionalverkehr Allgäu).
Zwischen Landsberg und Schongau verkehrt die RVO-Linie 9824 mit Haltestellen in Hohenwart, Epfach, Forchau, Kinsau und Hohenfurch.
Von Schongau bis Füssen: RVO-Linie 9821 ab Schongau mit Haltestellen in Burggen und Lechbruck.
Der RVA-Bus Linie 72 bedient die Strecke von Lechbruck über Roßhaupten und Rieden nach Füssen.
Die Liniennetze und Fahrpläne (auch für RVA) finden Sie zum Herunterladen im Internet unter www.rvo-bus.de. Fahrplanauskünfte erhalten Sie auch durch die Deutsche Bahn AG (siehe unter Bahn).

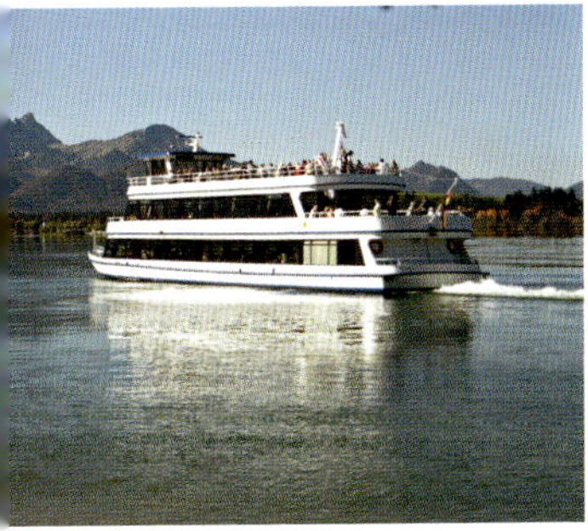

Forggenseeschifffahrt

Schiff

Die Forggensee-Schiffe verkehren vom 1. Juni bis 15. Oktober, die Abfahrtszeiten finden sich bei den Schiffsanlegern. Fahrpläne und Preise stehen auch im Internet, www.forggenseeschifffahrt.de. Infos auch unter Städtische Forggensee-Schifffahrt, Tel. 0 83 62/92 13 63 oder 93 85 22.

Wandern ohne Gepäck

Ein leichter Tagesrucksack macht die Wanderung zum Vergnügen, ebenso ein bereits vorbestelltes Quartier (oder der Transfer dorthin) am Ende der Etappe, Ihr Gepäck reist mit. Auch für den LechErlebnisWeg gibt es professionelle Anbieter für Wandern ohne Gepäck (z. B. Alpenlandtouristik in Landsberg), die Ihnen auch die Mühe der Quartiersuche abnehmen. Bei eigener Organisation der Tour übernehmen verschiedentlich auch die Gastgeber gegen einen Obulus den Transport Ihrer Gepäckstücke zum nächsten Nächtigungsort.

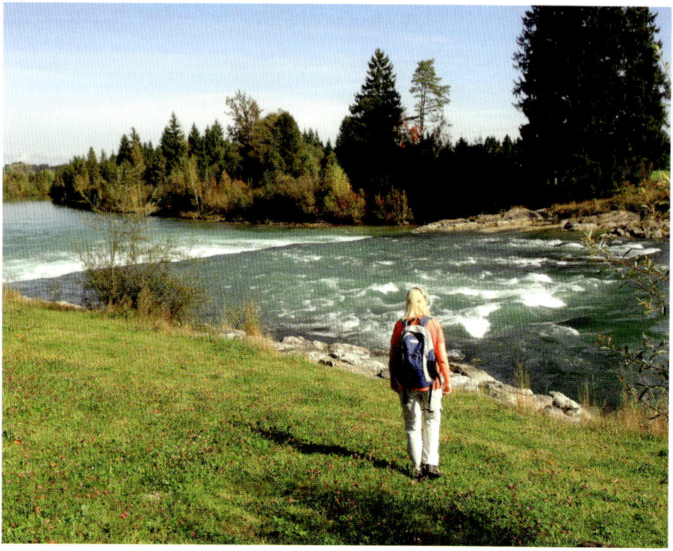

Unbeschwertes Vergnügen: Wandern ohne Gepäck

Tourismus-Informationen

Allgemeine Informationen oder auch Hilfe bei der Quartiersuche erhalten Sie über die örtlichen Tourismusbüros hinaus bei folgenden Tourismusverbänden:

Tourismusverband Ammersee-Lech e.V., Hauptplatz 152, 86899 Landsberg am Lech, Tel. 08191/128247, www.ammerseelech.de

Tourismusverband Pfaffenwinkel, Bauerngasse 5, 86956 Schongau, Tel. 08861/2113200, www.pfaffen-winkel.de

Tourismusverband Ostallgäu e.V., Schwabenstr. 11, 87616 Marktoberdorf, Tel. 08342/911313, www.tourismus-ostallgaeu.de

Wichtiges zum Schluss

Notruf

Internationale Notrufnummer
1 12
Polizei 1 10

Einkaufen

kann man in Landsberg, Epfach (Montag geschlossen), Reichling, Hohenfurch, Schongau, Lechbruck, Roßhaupten, Campingplatz nach der Tiefentalbrücke, Rieden, Osterreinen (Campingplatz) und Füssen.

Ärzte

gibt es in Landsberg, Kinsau, Hohenfurch, Schongau, Lechbruck, Roßhaupten, Rieden und Füssen,
Zahnärzte in Landsberg, Kinsau, Schongau, Roßhaupten und Füssen.

Apotheken

finden Sie in Landsberg, Schongau, Lechbruck, Roßhaupten und Füssen.

Karten

Folgende Kompass-Karten 1:50.000 können die Buchkarten ergänzen:
Nr. 189 – Landsberg am Lech, Ammersee
Nr. 179 – Pfaffenwinkel, Schongauer Land
Nr. 188 – Ostallgäu, Kaufbeuren
Nr. 4 – Füssen - Außerfern

Ausrüstung

Wichtig sind ein guter Trekkingschuh mit Profilsohle sowie ein Trekking-Rucksack mit Regenhülle. Wanderstöcke nach Belieben, sind aber nicht unbedingt nötig. Ferner brauchen Sie neben Dingen des persönlichen Bedarfs: Ausweis, Handy, Rucksackapotheke, Sonnen- und Wetterschutz, Hausschuhe, Ersatzsocken, auch im Sommer lange Hose und (Fleece-)Pullover, da es je nach Wetter und Tageszeit schon mal kühl bis kalt werden kann. Ebenso (Not-)Verpflegung und Energiespender (Müsliriegel, Schokolade) für unterwegs, vor allem ausreichend Getränke, falls kein Gasthaus am Wege liegt oder dieses Ruhetag bzw. Betriebsurlaub hat.

Wetter

Der LechErlebnisWeg verläuft nur in Höhen zwischen 600 bis 800 Metern, Gefahr ist ab dem Frühjahr bis in den Spätsommer lediglich durch heraufziehende Gewitter gegeben. Nützlich ist es immer, die Gastgeber nach dem Wetter zu fragen, da diese das örtliche Wettergeschehen am besten kennen und beurteilen können.

Eine 7-Tage-Voraussage gibt es zum Beispiel im Internet unter www.bayern-wetter.info, zutreffend sind hier die Bereiche Schwaben, Oberbayern und Füssen. Recht genau für den örtlichen Bereich ist die Vorhersage unter www.br.de/wetter > Ortswetter > Ortsname (nächst größerer Ort).

Da die Gewalt der Gewitter und Stürme immer unberechenbarer wird, sollte man bei entsprechender Vorhersage besser keine Etappe beginnen, sie kürzer gestalten oder möglichst früh beenden, da sich die meisten Wetter ab dem Nachmittag entladen.

Gewitterregeln

Kommt man unvermeidbar in solch ein Unwetter, heißt es die wichtigsten Regeln im Kopf zu haben:

- Schnell runter von allen erhabenen oder ausgesetzten Stellen (freier Buckel oder Brücke) sowie weg von See- und Flussufern, ebenso allgemein von Wasser oder nassen Rinnen fern halten.
- Weg von allem Metall (Eisengeländer, Stromleitungen, Elektrozäune).
- Weiter weg auch mit allem Metall, das Sie bei sich tragen (auch Stöcke). Halsketten, Uhr, Fotoapparat und Handy in der Mitte des Rucksacks verstauen.
- Bäume gleich welcher Art und besonders einzeln stehende sind kein Blitzschutz - im Gegenteil!
- Im Wald keine Lichtung wählen, sondern eher schütteren Bewuchs mit niedrigen Bäumen aufsuchen.
- Falls kein Unterschlupf vorhanden ist, möglichst in eine trockene Mulde hocken. Mehrere Personen sollten sich im Gelände verteilen, um Querblitze und Bodenströme zu vermeiden.

• Ist das Gewitter da, heißt es aussitzen und keine Bewegung mehr! Mit fest geschlossenen Beinen eine Kauerstellung einnehmen und den Boden mit der kleinstmöglichen Körperfläche berühren. Eventuell auf eine isolierende Unterlage (Rucksack, Isomatte) setzen und dann – gute Nerven!

Hunde

Von den Wegen her können Vierbeiner problemlos mitgenommen werden, die Schwierigkeit liegt jedoch in der Beanspruchung der Pfoten. Wenn der Hund nicht gewohnt ist, täglich 10 km oder mehr auf Naturwegen zu laufen, ist die Hornhaut spätestens am dritten Tag ab und die Pfoten bluten, dann geht nichts mehr. Planen Sie auch bei gut trainierten Hunden höchstens die Hälfte der angegebenen Etappenkilometer, eher weniger, und fügen Sie den ein oder anderen Ruhetag mit nur kurzen Gassi-Gängen ein.
Es werden überwiegend wald- und wildreiche Gebiete durchwandert. Lässt sich der Jagdtrieb Ihres Hundes nicht zuverlässig beherrschen, muss er

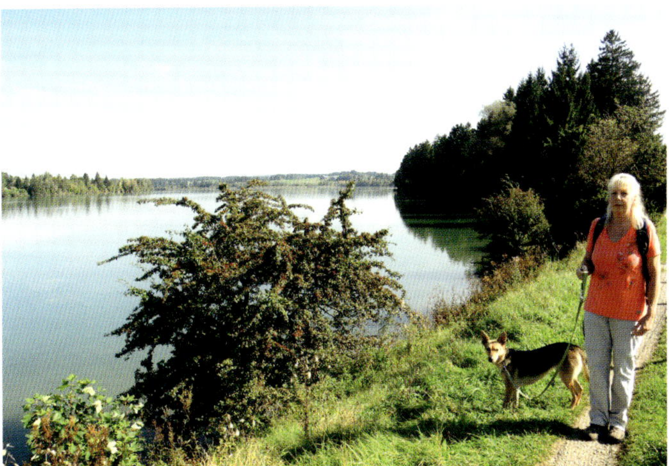

Bei guter Planung und Vorbereitung macht die Tour auch dem Hund Spaß.

zu seiner und der Wildtiere Sicherheit wie auch der Sicherheit des Straßenverkehrs an die Leine. Lech- und Seewasser sind normalerweise trinkbar, jedoch verträgt nicht jeder Hundemagen das sehr saure, an der gold- bis dunkelbraunen Farbe kenntliche Moorwasser kleinerer Seen und Bäche. Zudem können die Gewässer durch Weidebetrieb bakteriell stark belastet sein. Hundeeigene Hinterlassenschaften in den Wiesen gelangen übers Viehfutter in die menschliche Nahrungskette. Aufnahme-Tüten sollten daher selbstverständlich sein, ebenso dass diese nicht am Wegrand abgelegt, sondern mitgenommen und an vorgesehener Stelle entsorgt werden. Klären Sie auch vorher mit den Vermietern, ob Hunde in deren Haus erlaubt sind. In den öffentlichen Verkehrsmitteln besteht in der Regel Leinen- und Maulkorbpflicht. Europäischen Heimtierausweis (Impfpass) mitführen.

Tierärzte gibt es in Landsberg, Kinsau, Schongau, Lechbruck, Roßhaupten und Füssen.

Hinweise

Bei Nässe besteht auf Bohlenstufen, eisernen Wegrinnen, Wurzeln, Steinen oder erdigen Steigen erhöhte Rutschgefahr. Ferner wird – da sich die Zecken auch im Alpenvorland immer weiter ausbreiten – auf die Gefahr von Krankheiten in Folge von Zeckenbissen besonders hingewiesen, auf Vor- und Nachsorge ist zu achten!

Register

P / R

S / T

T / U / V

Die Autorin

Christel Blankenstein war über 10 Jahre lang als Reise- und Freizeitjournalistin für einen privaten Radiosender in Augsburg tätig. Heute arbeitet sie als freie Autorin. Am liebsten ist sie in der Natur unterwegs und bringt ihre langjährige Erfahrung als Buchautorin ein. Bislang sind über 20 Bücher erschienen.

Bei Recherche und Ausarbeitung haben Autorin und Verlag größte Sorgfalt walten lassen, trotzdem bleiben die Angaben ohne Gewähr, da zwischenzeitliche Änderungen nicht auszuschließen sind. Beim Nachgehen der Etappen ist jeder in eigener Verantwortung und auf eigene Gefahr unterwegs und selbst für seine Sicherheit zuständig; eine Haftung für eventuelle Unfälle und Schäden jeglicher Art können weder Autorin noch Verlag übernehmen. Bitte die Hinweise am Schluss des Buches beachten.

Auf jeden Fall freuen wir uns über Korrekturen, Anregungen und Verbesserungen zu diesem Buch. Bitte senden Sie diese an den Verlag Berg & Tal, Hirschgartenallee 48, 80639 München, E-mail: info@bergundtal-verlag.de.

Bildnachweis

Alle Fotos von Christel Blankenstein, außer S. 103: Füssen Tourismus und Marketing / www.ulrichhaas.com,
Umschlagrückseite: Tourist-Information Lechbruck/Herr Heyl
Titel: Der Lech bei Lechbruck
Innentitel: Lech-Skulptur, Augustusbrunnen in Augsburg
Seite 1, 2 und 112: Litzauer Schleife
Umschlagrückseite: Floßfahrt bei Lechbruck
Klappe vorn: Landsberg

Impressum

Gestaltung/Realisierung: interconcept medienagentur, München
Covergestaltung: Christian Weiß, München
Kartographie: Eckehard Radehose, Schliersee
Druck/Bindung: Westermann Druck, Zwickau
Printed and bound in Germany
ISBN 978-3-939499-43-5

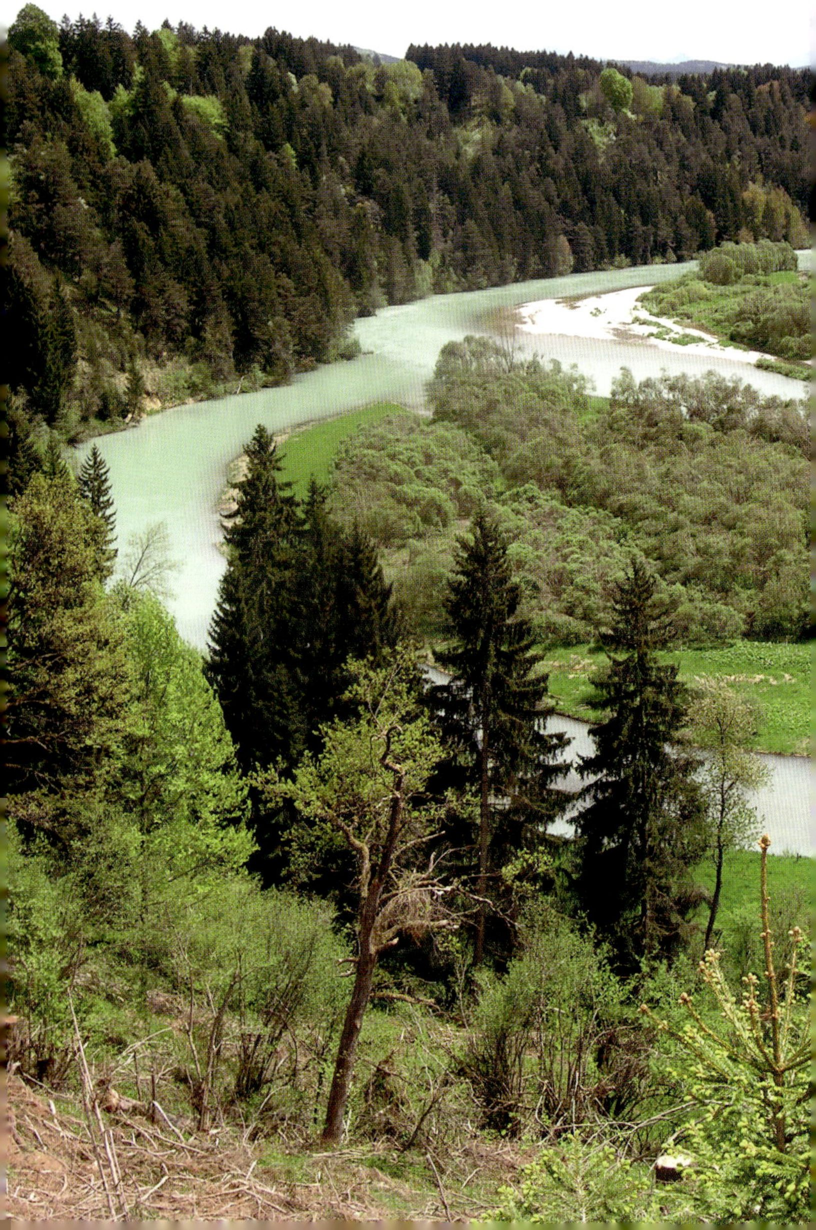